Monika Höhn

...dann beißt dich der Hund...

Wie Kinder und Erwachsene
das Verhalten von Hunden verstehen lernen

KYNOS VERLAG
Mürlenbach

Impressum

© 1997 KYNOS VERLAG
Dr. Dieter Fleig GmbH
Am Remelsbach 30
54570 Mürlenbach
Tel: 06594 - 653
Fax: 06594 - 452

Gestaltung: Herbert Wolter

Gesamtherstellung: Druckerei Anders, 54595 Prüm

ISBN Nr. 3-929545-54-3

Inhaltsverzeichnis

„Am Tier zuerst übt sich das Kind
in Barmherzigkeit oder in Grausamkeit,
und erwachsen wird es dann
barmherzig
und hilfsbereit
oder
unbarmherzig und selbstsüchtig
gegen seine Mitmenschen sein."

Friedrich Fröbel, Erzieher

Für Michael
Jana und Sarah

Dieses Buch widme ich allen Müttern und Vätern,
allen Erzieherinnen in Kindergärten und Schulen,
die Angst vor Hunden und Angst um ihre Kinder haben.
Ich widme dieses Buch allen Hundehaltern,
in der Hoffnung, daß sie die Ängste und Verhaltensweisen
von Kindern und Eltern verstehen.
Ich widme meine Geschichten vor allem den Kindern,
damit sie verstehen, was Hunde brauchen.

Danke sage ich

allen, die mir bereitwillig „ihre Geschichten" geschenkt haben. Ohne deren Offenheit und Hilfe wäre dieser Ratgeber nicht entstanden:

Den Kindern als erstes, die mir in unseren Gesprächen eine Fülle von Informationen über ihre Beziehung zum Hund gegeben haben. Daraus können wir Erwachsenen lernen, in dem wir vor allem die Gefühle und die seelische Befindlichkeit unserer Kinder ernst nehmen.

Den Erwachsenen, den Müttern und Vätern, den Erzieherinnen und Leiterinnen in Kindergärten und Lehrerinnen in Schulen ebenso wie den Kindern aus der Stadt und meinem Dorf. Ihre Erlebnisse mit Hunden und ihre Erfahrungen mit ihnen - positive und negative - kommen in diesem Buch zur Sprache.

Eva-Maria Blaufuß für ihre Diplomarbeit „Das Tier als lebendiges Medium in der sozialen Arbeit" im Fachbereich Sozialarbeit, Fachhochschule Dortmund.

Der Tierärztin Anke Weber-Noß, die sofort ihre Bereitschaft erklärt hat, Kindern ihre Praxis zu zeigen und aus ihrer Hundesprechstunde zu berichten.

Der Tierärztin, Frau Kopplow, für manches anregende Gespräch.

Ute Radermacher, Tierärztin aus Marienheide, deren kleine Tochter Mira in unserem Gespräch zum Thema immer wieder versuchte, sich beim Krabbeln am Schwanz ihrer Hündin festzuhalten und die durch vorsichtiges Knurren in ihre Schranken verwiesen wurde.

Claudia, deren Hund ganz wesentlichen Anteil daran hatte, daß ihr Sohn seine Ängste vor der Schule überwunden hat.

Birgit Kaminski danke ich dafür, daß sie mir ihre Prüfungsarbeit für die Erzieherinnen-Prüfung bereitwillig zur Verfügung gestellt hat.

Prof. Dr. Bergler und dem Forschungskreis Heimtiere in der Gesellschaft, Hamburg, danke ich sehr herzlich für die Bereitstellung umfangreichen Informationsmaterials.

Dem Verband für das Deutsche Hundewesen e.V. (VDH) und dem Verein für Deutsche Schäferhunde (SV) e.V. danke ich herzlich für die Nachdruckgenehmigung der Broschüre „12 Goldene Regeln".

Vorwort

Tiefverwurzelte Angst vor scharfen Zähnen und unerwartete Reaktionen vor „bissigen“ Hunden erschweren das Zusammenleben von Mensch und Hund immer mehr. Häufig sind es sensationelle und meistens recht undifferenzierte Schlagzeilen über gefährliche Hunde, welche die Angst, ja geradezu Panik der Eltern und Erzieherinnen und damit auch die Ängste der Kinder zusätzlich schüren.

Während meiner vielen Spaziergänge und Reisen mit meiner Familie und unserem Hund habe ich immer wieder die drohende Warnung von Eltern an ihre Kinder gehört: „...dann beißt dich der Hund...“ Unbewußt übertragen sie auf diese Weise ihre eigenen Ängste vor „beißenden“ Hunden auf ihre Kinder. Über die Folgen sind sich die meisten Eltern sicher nicht im klaren.

Überängstlichkeit auf der einen Seite, übertrieben „mutiges“, unreflektiertes und oft völlig falsches Verhalten auf der anderen Seite: Da werden Steine über den Gartenzaun geworfen, weil Kinder testen wollen, wie der Hund reagiert. Oder es geht ein kleines Kind mit einem Regenschirm in der Hand mit unkontrollierten Bewegungen auf einen Hund zu. In einem anderen Fall greift ein Krabbelkind nach dem Schwanz des Hundes, der sich weich und flauschig anfühlt und an dem es sich so gut hochziehen kann. Oder es bewegt sich auf allen Vieren in der Küche auf den Freßnapf des Hundes zu und versucht, seinen Kauknochen zu entwenden. Vor lauter Liebe drückt ein Kind dem Hund den Hals zu oder zieht an seiner heraushängenden Zunge, weil sie so lang aussieht. Oder ein schlafender Hund wird in seinem Korb mit einer Plastiktüte überrascht, die ihm das Kind über den Kopf streift, weil es mit ihm spielen oder ihn ganz einfach nur überraschen will. Es gibt eine ganze Reihe von Beispielen, die ich in den einzelnen Kapitel noch ansprechen werde und die verdeutlichen sollen, welche Fehler auf beiden Seiten gemacht werden - auf der Seite des Kindes und seiner Eltern und auf der Seite der Hundehalter.

Und selbstverständlich gibt es Situationen, in denen sich ein Hund wehrt und beißt. An dieser Stelle scheint es mir ganz wichtig, zu differenzieren: Hat das Kind eine Regel verletzt, die es im Umgang mit dem Hund wissen müßte? Waren die Eltern darüber informiert, wie intensiv sie die Nähe des Kindes zum Hund zulassen konnten? Was weiß ich über diesen speziellen Hund, auf den mein Kind zugeht? Gibt es ein natürliches Aggressionsverhalten von Hunden und was ist ein „Angstbeißer“?

Im Lehrplan des Kindergartens wird unter anderem Verkehrserziehung angeboten. Doch wie sieht es aus mit dem Wissen und den Verhaltensweisen unserer Kinder im Blick auf unsere Hunde?

Einigen Fragen möchte ich in diesem Buch nachgehen, weil ich beobachte, daß sich inzwischen bereits ein Klima entwickelt hat, in dem Menschen den

Vierbeinern immer mehr aus dem Weg gehen, sie isolieren, Maulkörbe und Leinenzwang für sie fordern. Und immer häufiger ist die Meinung zu hören, daß Hunde in Zwinger und Tierheime gehören und nicht unter Menschen. In zahlreichen Köpfen entwickelt sich so ein Bild über die gefährliche Bestie Hund, dem ängstliche Menschen mit einer großen Portion Unsicherheit und mangelnden Informationen über die Vierbeiner gegenüberstehen. So kann es denn nicht verwundern, wenn sogar der Ruf nach Einschläfern von Hunden immer lauter wird.

Ich gehöre nicht zu den Hundehaltern, die Unfälle zwischen Kindern und Hunden beschönigen wollen. Während meiner Hundeausbildung habe ich unterschiedliche Rassen und deren Verhaltensweisen kennengelernt und gerade auch die Schwächen und Stärken der Tiere beobachtet. Dabei ist mir eines jedoch in meiner Begegnung mit Hunden immer deutlicher geworden:

Vielen Hundehaltern fehlt oft die Grundvoraussetzung für eine Verständigung mit ihrem Hund. Es mangelt an Wissen um normales Hundeverhalten im Vergleich zum normalen Menschenverhalten. Es gibt Menschen, die ihre eigenen Unsicherheiten, Unfähigkeiten und Schwächen auf den Hund übertragen und nicht selten erlebt man, daß sich Menschen über ihren Hund Macht über Menschen verschaffen wollen und ihn als Schutz, als „Waffe“ benutzen.

Hunde mögen Menschen, die meisten lieben sie. Hunde spüren sehr deutlich, wenn die Beziehung und die Verständigung untereinander nicht ernsthaft gewollt ist. Und sie spüren auch, wie Menschen mit ihnen umgehen: Es wird herumerzogen, lieblose und inkonsequente Verhaltensweisen werden praktiziert, die Hunde werden vernachlässigt oder nicht artgerecht gehalten. Oder sie werden zu Höchstleistungen gezwungen, weil Herrchen oder Frauchen es so bestimmt haben . Und es gibt Hundefriedhöfe und Hundehotels sowie eine aufwendige Tierchirurgie, die künstliche Hüftgelenke, Nierentransplantantionen und Herzschrittmacher möglich macht.

Eberhard Trumler sagt in seinem Buch „Der schwierige Hund“:

„In der Diskussion für und wider den Hund offenbart sich bei seinen Gegnern eine oft tiefverwurzelte Angst vor scharfen Zähnen und unerwarteten Reaktionen des Hundes. Hinzu kommen Unverständnis und Unwissen über das natürliche Verhalten unserer Tiere ...Was aber noch nachdenklicher stimmt: Selbst bei erklärten Hundefreunden ist das Unwissen über die Grundfunktionen der Lebensgemeinschaft zwischen Mensch und Hund erschreckend hoch. Einblick in die Seele und Einsicht in das Verhalten des Hundes sind aber durch nichts zu ersetzen! Auch nicht durch sehr viel Liebe zum Tier! Im Gegenteil, ohne Verstehen und Verständnis kann Tierliebe sogar das Zusammenleben erschweren.“

Darum geht es mir in diesem Buch:

1. Ich möchte die Ängste beim Namen nennen, von denen mir Kinder und

deren Eltern und Erzieher erzählt haben. Außerdem will ich versuchen, die Ursachen für diese Ängste deutlich zu machen.

Dabei wende ich mich auch an alle Hundehalter, damit sie ihrerseits die Ängste von Eltern und Kindern gegenüber Hunden begreifen.

2. Ich möchte die Ängste abbauen helfen durch sachgerechte Informationen über den richtigen Umgang von Kindern und Hunden und ein Anti-Angst-Trainingsprogramm anbieten, das Eltern und Kindern helfen kann, ihre Angst zu überwinden.

Deshalb möchte ich Ihnen folgende Angebote zur Hilfe machen:

- Regeln und Tips für Eltern, Erzieher und Kinder
- Kontakte, Besuchsmöglichkeiten
- Vorschläge und Unterrichtsmodelle für Gesprächsabende für Kindergärten und Schulen
- Zwölf Regeln für den richtigen Umgang von Kindern und Hunden
- Literaturhinweise

3. Hunde als Therapeuten

Ich möchte Sie von der Notwendigkeit überzeugen, daß Hunde ganz wichtige Aufgaben im Zusammenleben mit Kindern und deren Entwicklung haben können.

So verstehe ich mein Buch als eine Art Ratgeber, der hoffentlich mit dazu beiträgt, daß die Angst vor „...dann beißt dich der Hund..“ kleiner wird, vielleicht sogar ganz abgebaut werden kann und diese warnende Drohung möglichst nicht mehr angewandt wird.

Denn in einer Welt, in der die technische Entwicklung immer rasanter voranschreitet und der zwischenmenschliche Aspekt kaum noch Beachtung findet, müssen wir uns die Frage stellen: Was ginge uns verloren, hätten wir keine Hunde mehr?

Personenbezeichnungen werden von mir häufig - unabhängig vom Geschlecht der gemeinten Personen - in der männlichen Form verwendet. Damit ist keine Wertung verbunden.

Monika Höhn
Wiehl, im Frühjahr 1997

Mein Leben mit Hunden

„Holen Sie das Kind aus der Hütte raus, sonst ...“

Die Angst stand der alten Frau im Gesicht geschrieben. Aschfahl und mit versteinerten Zügen hatte sie ihr Fenster geöffnet, mit letzter Kraft um Hilfe geschrien. „Das Kind...,“ schrie sie und gestikulierte hilflos in Richtung einer Hütte, die in einem ehemaligen Fabrikgelände stand, das an einen verwilderten Garten grenzte. Es war eine Hundehütte, aus einfachen Holzlatten zusammengezimmert, geräumig und stabil, das Dach mit Resten aus Teerpappe bedeckt. Hochsommer des Jahres 1946. Der Krieg war zu Ende. Viele Menschen hausten oft nur mit einem armseligen Dach über dem Kopf in Notunterkünften, Baracken, Obdachlosenunterkünften, wie man sie heute bezeichnen würde. Die Menschen hungerten und mit ihnen die Tiere. Harro und Adok, wie die beiden Schäferhunde gerufen wurden, kamen in der Nacht zur Bewachung ins Haus, am Tag nahmen sie ihren Platz in der Hundehütte ein und bewachten dann den Hof. Jedes Geräusch nahmen sie wahr und jeder fremde Schritt, der sich dem Hof näherte, wurde durch lautes Bellen angezeigt. Auf Fremde reagierten sie meist aggressiv, besonders, wenn sie sich an der Leine befanden.

Der Freßnapf war bis an den Rand gefüllt mit Heringsabfällen. Er stand nicht weit entfernt von der Luke ihrer Hundehütte. Fliegen umschwärmten den Hundenapf, der inzwischen in der Mittagshitze entsetzlich stank. Nachbarn eilten herbei, die dem entsetzlichen Hilfeschrei der alten Frau folgten. Wie versteinert standen sie nun auch da, rührten sich nicht. Was sich dort vor der Hundehütte abspielte, verschlug ihnen den Atem.

Ein Kind - etwa sechzehn Monate alt - krabbelte aus der Hundehütte heraus zwischen die beiden Hunde. Eine Hand des Kindes fand Halt im Schwanz der Hündin, die andere Hand berührte den Freßnapf des Rüden. Das unbekleidete Kind wurde zärtlich von der Hündin abgeleckt...

Niemand wußte, wie das Kind die Hundehütte erreichen konnte und wie lange es bereits mit den beiden großen Tieren zusammen war.

Immer noch verfolgen die Erwachsenen das „Spiel“ vor der Hütte, bewegungslos, voll Angst und in Erwartung dessen, was nun geschehen würde. Würde aus dem „Spiel“ bald blutiger Ernst werden? Warum greift die Mutter des Kindes nicht ein, steht da, schaut zu, als sei es das normalste der Welt, daß ihr Kind mit den Hunden aus einem Napf ißt?

Dabei weiß doch jede und jeder, daß Zwingerhunde bissig sind?

Die Mutter greift nicht ein. Später gibt es schlimme Diskussionen: Unverantwortlichkeit wird der jungen Frau vorgeworfen und es wird ausgesprochen, was jeder gedacht hatte. Wird dieses Kind jemals lebendig wieder aus der Hütte herauskommen?

Das Kind juchzte vor Vergnügen. Dieses Kind war ich.

Die Tiere spürten meine Liebe

Beim Lesen dieses Textes stelle ich mir Ihr Gesicht vor!

Eine ganze Reihe von Fragen werden Sie vermutlich haben: Wie stand es mit der Aufsichtspflicht meiner Mutter? Wie konnte es geschehen, daß ich den Weg in die Hütte fand? Zu Kettenhunden, die doch besonders „scharf" sein sollen. Dazu in die Nähe eines Freßnapfes auf allen Vieren und mit nacktem Po. Ein Kind - sechzehn Monate alt, den Schwanz der Hündin in der Hand. Ein Hundezwinger, Brutstätte für Krankheitsherde, für Bakterien und Parasiten. Dazu eine Zeit, in der das nötige Geld für Medikamente und Arztbesuche fehlte.

„Unverantwortlich!", werden Sie vielleicht sagen. Wie ging es weiter?

Ich nahm den Hunden das Brot aus der Schnauze, liebevoll und zärtlich leckten sie mir über mein Gesicht. Wir aßen gemeinsam die trockenen Krusten Brot und immer wieder zog es mich zurück zur Hütte, wo ich viele Stunden mit den beiden Hunden verbrachte. Ich erzählte ihnen Geschichten und ich betrachtete sie als meine „Geschwister". Als Einzelkind war mir unser täglicher Umgang etwas vollkommen Normales. Und meine Mutter tat nichts, mich von den Hunden zu trennen. Hygieneüberlegungen, die gab es einfach nicht. Und so kannten mich die beiden Hunde von Säugling an und nie kam der Gedanke auf, daß sie mir vielleicht etwas tun könnten. Kein einziger Gedanke daran, daß man ein Kind nie mit Hunden allein lassen sollte. Kurz: Vielleicht hatte ich ganz großes Glück. Die Hunde liebten mich und ich sie. Mir geschah nichts. Das war meine frühkindliche Erfahrung mit Hunden.

Aus meiner Biographie ergeben sich nun eine ganze Reihe von Fragen im Umgang von Kindern und Hunden, die ich am Ende noch einmal bündeln und kritisch hinterfragen möchte. Ich glaube, daß es entscheidende Fragen sind, bei denen es letztlich um die Beziehung zwischen Mensch und Tier und um die Einstellung des Zusammenlebens zwischen Mensch und Hund geht. Schon mein Urgroßvater, der seinen Schäferhund Berno zum Blindenhund ausbildete, soll zu meiner Mutter gesagt haben: „Schau dir die Menschen an..., schau sie dir gut an... und beobachte, was sie aus ihren Hunden machen."

Die damaligen Besatzungsmächte hatten nach 1945 in Düsseldorf, wo ich meine Kindheit verlebte, Hunde zurückgelassen, die - streunend und auf der Suche nach Futter - in die Nähe der Häuser kamen. Und so wuchs ich mit ihnen auf, weil meine Mutter sie fütterte und pflegte.

Geburt und Tod lagen so dicht beieinander

Ich erlebte die Geburt der Welpen mit, sah sie in ihrer Wurfkiste und beobachtete, wie die Hündin ihre natürliche Auslese vornahm. Das schwache Junge, das nicht in der Lage war, sich zur Zitze, zur Milchquelle durchzukämpfen und sich zwischen seinen Geschwistern Platz zu verschaffen, wurde aus der Kiste geworfen. Hilflos erlebte ich das Sterben dieses winzigen

Geschöpfes mit. Eine kleine Zigarrenkiste diente als Sarg, den wir herrichteten, und in den wir den toten Winzling hineinlegten - behutsam, in ein paar warme Tücher gewickelt, weil ich glaubte, daß es unter der Erde sehr kalt sei. Dann beerdigten wir den Welpen im Vorgarten unserer Notunterkunft. So konnte die Hündin ihr totes Junge auch ab und zu besuchen, jedenfalls war das meine Vorstellung.

Als ich die mit Stoffresten ausgestattete Kiste geschlossen und in das winzige Grab gelegt hatte, war ich zufrieden. Er würde es dort warm haben, ähnlich warm wie bei seiner Mutter. Nun lag er geborgen in seinem Kistchen unter der Erde.

Geburt und Tod - beides lag so dicht und unmittelbar zusammen. Frühzeitig lernte ich Verantwortung für unsere Hunde zu übernehmen. Sie mußten gefüttert und gepflegt werden. Von klein auf wurde ich mit diesen Aufgaben konfrontiert, und alles war so selbstverständlich und natürlich, daß niemand sich über Hygieneprobleme oder Aggression von Hunden Gedanken machte. Eine Schildkrötpuppe, die ich bis heute besitze, war mein Spielzeug. Es gab in dieser Zeit so kurz nach dem Weltkrieg noch keine Steifftiere, keine Teddybären oder sonstigen Schmusetiere. Ich schmuste mit meinen Hunden und sie mit mir. Trotz der äußeren Armut, in der ich groß wurde, erlebte ich eine ausgesprochen glückliche Kindheit inmitten zahlreicher Hunde, die immer wieder von uns gefüttert und aufgezogen wurden. Und das in einer Großstadt wie Düsseldorf, die damals in manchen Randgebieten einen sehr ländlichen Charakter hatte.

Als Kind besaß ich einen eigenen Hund

In unserer Familie gab es nie Zweifel, ob wir uns einen Hund anschaffen sollten. Hunde gehörten zu unserem Leben dazu wie das tägliche Brot. Und es gab nie kritische Erwägungen, ob ein Hund einem Kind anvertraut werden kann oder nicht. Und es gab keinen Aufschrei meiner Mutter, wie ich es später in der Schule bei meinen Mitschülerinnen öfter erlebte: „Hilfe, mein Kind will einen Hund!"

Mit neun Jahren besaß ich einen weißen Spitz. Wir bezogen eine Etagenwohnung in einem renommierten Stadtteil Düsseldorfs. Eine Parkanlage stand mir nun zur Verfügung, um mit meinem Hund Teddy „Gassi" zu gehen. Ich lernte die unterschiedlichsten Hundehalter kennen, junge und alte Menschen und mit ihnen die verschiedenen Hunderassen, die mir bis dahin fremd waren. Oftmals erschienen mir diese Hunde wie Konsumartikel, die man einfach haben mußte, passend zum Pelzmantel und eben außergewöhnlich.

Bei meinen morgendlichen Spaziergängen lernte ich meine Freundin kennen. Ihre Dackelhündin Blacky liebte meinen Rüden, und so verabredeten wir uns zu regelmäßigen gemeinsamen Ausgängen. Zu dieser Zeit gab es noch keine „Hundeklos", keine Park-Abteilungen, in denen die Hunde ihre Geschäfte verrichten konnten. So waren wir auf Büsche und Bäume angewiesen, und niemand kam zu dieser Zeit auf den Gedanken, den Kot der Hunde selber zu entfernen.

Begegneten wir Hundebesitzern, dann unterhielten wir uns über unsere Vierbeiner. Ich war stolz darauf, daß die Erwachsenen mich ernst nahmen und meinen Hund lobten mit seinem schneeweißen, sehr gepflegten Fell. Und ich ärgerte mich, wenn sie zusahen, mit welcher Vorliebe sich unser Hund im Dreck wälzte. „Da wird sich aber deine Mutti freuen, Kleine“, hörte ich die Zuschauer sagen. Das weiße Fell mußte neu shamponiert werden und das Bad würde aussehen wie ein Schlachtfeld und es würde riechen wie in einer Jauchegrube. Jedes Wort „rund um den Hund“ nahm ich sensibel wahr und meine Ohren standen ständig auf „Empfang“.

Ich erinnere mich noch gut an den Satz eines Mannes mittleren Alters, den er einem jüngeren Schäferhundbesitzer zurief: „Verkauf doch deinen Köter, der taugt nichts.“ Der Schäferhund biß nicht in den Leinensack, der ihm von dem Fremden vor die Nase gehalten wurde. Erst in meiner späteren Ausbildung auf Hundeplätzen, die ich mit großer Freude besuchte, wurde mir die Bedeutung des „Beißens“ zum ersten Mal deutlich, und ich begriff, welchen Stellenwert es auf Hundeplätzen bei der Schutzhundausbildung besaß.

Problemhunde werden selten geboren

Vom Problemhund war da zum ersten Mal die Rede und meine Mutter antwortete mir auf die Frage, was denn ein Problemhund sei: „...ein Hund, der seinem Besitzer Probleme bereitet, kleinere oder auch größere. Wichtig ist sicherlich herauszufinden, worin die Ursachen der Schwierigkeiten liegen. Sie sind nicht immer beim Hund zu finden, oftmals - und das trifft leider für viele Fälle zu - haben die Schwierigkeiten des Hundes auch sehr viel mit seinem Besitzer zu tun.“ Soweit die schlichte und klare Auskunft meiner Mutter, die meistens den Nagel auf den Kopf traf, ohne sich ihres „Hundeverstandes“ bewußt zu sein.

Schon als Kind bewunderte ich den Mut meiner Mutter, wenn sie bei Spaziergängen mit unseren Hunden oft engagiert und heftig den Äußerungen ängstlicher Mütter und Väter entgegentrat, die ihre Kinder durch ihre eigenen Ängste verunsicherten. Sie waren sich nicht darüber im klaren , was der unreflektierte Satz möglicherweise bei ihnen auslösen würde: „Paß auf, sonst beißt dich der Hund.“ Wie oft sollte ich diesen Satz bei Begegnungen von Hunden und Kindern hören.

Im Zusammenleben mit Hunden und im Rahmen der Ausbildung meiner Hunde habe ich häufiger über den Satz nachgedacht: „Was sind Problemhunde? Was sind Beißer?“ Ich denke, daß es kaum möglich ist, über das Thema „schwieriger oder bissiger Hund“ zu diskutieren, ohne dabei den Menschen, den Hundehalter, selber im Blick zu haben. Bedauerlicherweise prägen sich solche Artikel ein, wie ich sie vor einigen Tagen in unserer Lokalzeitung entdeckte. Leider schüren sie - völlig unkommentiert und meist einseitig dargestellt - die Ängste der ohnehin Ängstlichen noch zusätzlich.

Presseartikel können Ängste schüren

Dort steht dann zum Beispiel zu lesen, daß die „Pariser Polizei eine Sondereinheit zur Bekämpfung gefährlicher Hunde gegründet habe, welche die Straßen der französischen Hauptstadt unsicher machen. Das Zwei-Mann-Team sei mit Betäubungsgewehren und Käfigen ausgerüstet und solle das Risiko verringern oder ausschließen, das durch gefährliche Hunde in Begleitung bestimmter Personen entstehe. Die Beamten, die von Kollegen oder Bürgern gerufen werden können, seien befugt, die Hunde zu fangen und, wenn nötig, auch zu töten.“ Wen wundert's dann, wenn eine Bekannte zu mir sagt: „Nun sind wir soweit, daß wir auch nicht mehr nach Frankreich reisen können.“ Angstbesetzte Atmosphäre ist sehr schnell geschaffen und die Leser sind allein gelassen mit ihren Fragen. Niemand ist da, der die Ängste abbauen könnte. Und es gäbe mit Sicherheit eine ganze Reihe von Fragen zu solchen Pressemeldungen.

In einer anderen Pressenotiz wird von Alarm in Brandenburg berichtet, weil wildernde Hunde wüteten: „Mehr als 20 Schafe sind in der Nacht zum Sonntag auf einem abgelegenen Gehöft nahe der ostbrandenburgischen Ortschaft Grano totgebissen worden. Die Angreifer waren nach Angaben der `Lausitzer Rundschau´ vermutlich wieder wildernde Hunde. In den vergangenen zwei Monaten wurden in der Gubener Umgebung fast 160 Schafe Opfer der Hunde. Allein 130 waren im Dezember in der Neißeaue umgekommen. Ein Teil von ihnen fiel den Bissen zum Opfer, viele waren in Panik in den Fluß gelaufen und ertrunken. Nach dem jüngsten Angriff fanden die Ermittler eine heiße Spur. Im Neuschnee ließen sich die Pfotenabdrücke der Hunde bis in eine Gubener Kleingartenanlage verfolgen.“

Auch dieser Artikel schürt Angst. Halbwahrheiten werden vermittelt und mangelnde Recherchen lassen die Leser im Unklaren: Denn es ist von „wildernden, bissigen Hunden“ die Rede, deren Spur bis in eine Kleingartenanlage verfolgt werden konnte. Wieviel Hunde mögen es gewesen sein? Wer und wo waren ihre Besitzer? Waren es Zwingerhunde, die nicht versorgt, alleingelassen wurden und hungrig waren? Gingen Sie vielleicht durch einen Zaun, trieben die Schafe in ihrer Panik in den Fluß, bis sie ertranken?

Wieviele Schafe genau „fielen den Bissen zum Opfer“? Wurden sie gerissen? Was heißt „mehr als zwanzig Schafe“? Was bedeutet „fast 160 Schafe“? Wenn sich die Spuren verfolgen ließen bis hinein in die Kleingartenanlage, wie verliefen die weiteren Ermittlungen? Gab es vielleicht Verfahren wegen mangelnder Aufsichtspflicht? Auch fehlende Informationen tragen zur Angsterzeugung mit bei.

An solchen und ähnlichen Beispielen möchte ich festmachen, wie schnell Ängste geschürt werden können und daß der Leser über die tatsächlichen Hintergründe nicht mehr informiert wird. Kaum positive Meldungen über Hunde-Erleben, und dabei gäb es einige wichtige Informationen, die im Zusammenleben von Mensch und Hund, insbesondere in der Entwicklung von Kindern von besonderer Bedeutung sind (beispielsweise Partner-Hunde für Behinderte, therapeutische Bauernhöfe).

Bedauerlicherweise bleibt das Negative und Schlimme im Gedächtnis haften: Der wildernde, bissige und gefährliche Hund, vor dem es gilt, mein Kind zu schützen. Wie wichtig es deshalb ist, als Erzieher gut informiert zu sein, um die Angst nicht intuitiv auf das Kind zu übertragen, das möchte ich in den späteren Kapiteln deutlich machen.

Meine Begegnung als Kind mit alten Menschen und ihren Hunden

Auffallend waren damals die vielen alten Menschen in meinem Stadtteil, die einen kleinen Hund, oftmals einen Dackel, zum Spazieren ausführten. An ein Gespräch erinnere ich mich noch heute, als eine alte Dame einmal zu mir sagte: „Weißt du, seit mein Mann tot ist, lebe ich mit meinem Dackelchen zusammen. Sissy ist bald genauso alt wie ich, und ich mache mir Gedanken, was aus meinem Hund werden soll, wenn ich einmal in ein Altersheim gehen muß. Kinder habe ich keine, Sissy ist eine Art Kindersatz für mich. Mit Sissy rede ich, sie hört mir zu und seit sie in meiner Wohnung lebt, bin ich nicht mehr allein. Du glaubst nicht, wie viel mir diese Hündin bedeutet."

Eines Tages vermißte ich die alte Dame. Meine Freundin und ich überlegten, was mit ihr geschehen sein könnte. Sicherlich war sie krank, dachten wir. Die Wochen vergingen. Zufällig begegneten wir Herrn Schäfer, einer Hundebekanntschaft von Frau Lützel und stolzer Besitzer eines recht selbstbewußten Rauhhaardackels: „Frau Lützel ist vor wenigen Wochen verstorben und ihre kleine Hündin mußte eingeschläfert werden. Sie fraß nichts mehr, weinte Tag und Nacht, so daß die Nachbarin, die sie versorgen wollte, sie dann schließlich zum Tierarzt gebracht hat. Schade, zu spät habe ich davon erfahren. Sissy verstand sich mit meinem Axel, ich hätte sie genommen..."

Erst viel später habe ich die Bedeutung von Hunden für alte Menschen, die Zusammenhänge und die Notwendigkeit des Zusammenlebens zwischen Mensch und Hund richtig erkannt.

Töten oder Einschläfern von Hunden

Während meiner Spaziergänge mit Blacky, der Dackelhündin, und unserem Spitz Teddy, erlebte ich in immer kürzer werdenden Abständen, daß unser Hund im Schnee oder auf dem Rasen liegenblieb. Er rührte sich plötzlich nicht mehr und kein Zureden und Streicheln half. Die Leine in der Hand stand ich hilflos da, die Tränen kullerten über die Wangen, fest davon überzeugt, daß mein Hund gestorben sei. Ich nahm ihn auf den Arm, zeigte das regungslose Bündel meiner Freundin. Vielleicht war es die Körperwärme und meine Ansprache - mein Hund kam plötzlich wieder zu sich, sprang von meinem Arm und lief umher, als sei nichts geschehen. Das war der Beginn mehrerer Herzanfälle, die sich von Woche zu Woche häuften. Die herzstabilisierenden Präparate unseres Tierarztes brachten eine vorübergehende Linderung. So dachten wir jedenfalls und trösteten uns damit. Doch der Gesundheitszustand unseres Hundes veränderte sich nicht zum Positiven.

Die Begegnung im Treppenhaus mit meinem Vater habe ich in schlimmer Erinnerung. Teddy lag geschwächt auf seinem Arm, diesmal hatte ihn der Anfall doch sehr mitgenommen. Mein Vater sagte: „Nun müssen wir endgültig von ihm Abschied nehmen, es geht einfach nicht mehr." Meine Mutter stand in der Tür, Tränen in den Augen. Immerhin hatte Teddy einen entscheidenden Teil unseres Lebens begleitet. Er war mein Freund, mit dem ich meine Kindheit verbracht hatte. Und nun das Entsetzliche: Mein Hund sollte eingeschläfert werden! Die rotverweinten Augen meiner Mutter nahm ich erst jetzt richtig wahr. „Weißt du", sagte sie, „er quält sich nur noch..." Wir haben lange getrauert und der Satz: „Kein Hund mehr, das traurige Ende wollen wir uns ersparen," hat mich noch eine ganze Weile begleitet. Ohne es zu beabsichtigen, wurde das Thema „Tod" bereits früh tabuisiert. Erst in meiner eigenen Familie mit unseren beiden Töchtern sollte wieder ein Hund eine Rolle in unserem Leben spielen.

Jahre später fand ich in meinem Tagebuch - fein säuberlich in Cellophan eingewickelt - ein kleines Päckchen. Ich erinnerte mich nur noch sehr vage, daß ich mir einige Fellhaare abgeschnitten und sie in Erinnerung an meinen schneeweißen Spitz in mein Tagebuch gelegt hatte.

Ferien auf einem Bauernhof in Westfalen. Das Quieken der Mischlingswelpen habe ich noch gut im Ohr. Zehn Welpen wurden an die Wand geworfen, die einfachste und schnellste Tötungsart, die man sich vorstellen kann. So erklärte man mir. Hilflos stand ich neben einer Mülltonne und sah, wie die getöteten Welpen unter einem Müllberg verschwanden. So einfach war die Entsorgung. Ich bekam Heimweh und wollte nach Hause, weit weg von diesem schrecklichen Geschehen. Den Rest meiner Schulferien verbrachte ich lieber allein in der Stadt. Im Laufe meines Lebens lernte ich sehr unterschiedliche Hundebesitzer kennen, deren Welpen auf ebenso unterschiedliche Art getötet wurden. Es waren oft ökonomische Gesichtspunkte, nach dem Motto: „Eine Hündin ja, aber die Verantwortung und die Verpflichtung, die ich eingehe, lehne ich ab und damit auch die anfallenden Kosten."

Niemand konnte mir meine Frage beantworten, warum denn die elf Welpen, die wir bei einem Rheinspaziergang in der Rheinaue in einem Leinensack fanden, ertränkt wurden. „Ertränken ist eine schlimme Tötungsart", sagte ein Erwachsener, „die Tiere sterben langsam."

Einen Schock ganz eigener Art erlebte ich als Erwachsene. Mit einem Ausschuß für Umweltfragen besuchte ich eine Mülldeponie. Später stand ich selber an einer Bandstraße im Müllwerk und sah den Arbeitern zu, wie sie den Müll vorsortierten. Offensichtlich waren sie Einiges gewohnt: „Alles haben wir schon herausgefischt, Ratten und Wellensittiche, Tanzmäuse und Beos, aber einen jungen Hund...?" Ich sah zu, wie sie den jungen Mischlingshund auf den Sondermüll legten. Irgendjemand hatte das tote Tier einfach in einer Mülltonne entsorgt...

Nach meinen kindlichen Erfahrungen wurde ich skeptisch gegenüber einigen Hundebesitzern und deren Erziehungsmethoden.

Dina, eine Hirtenhündin, kommt ins Haus

Umzug von einer Industriestadt mit ihren Hochöfen und Kokereien in die bucklige Welt des Oberbergischen Landes. Nach achtjähriger Tätigkeit als Gemeindepfarrer und nach intensiver Gemeinwesenarbeit in einem sozialen Brennpunkt bietet sich für meinen Mann eine Schulpfarrstelle in einer nahegelegenen Kleinstadt an. Unser Leben auf dem Land beginnt. Ein neuer Lebensabschnitt für uns und unsere beiden Töchter, die hier den Kindergarten und die Schule besuchen werden. Ein idyllisches Dorf mit etwa 200 Einwohnern. Etliche Dorfbewohner besitzen einen Hund.

Hier scheint die Welt noch in Ordnung. Wir erleben die Natur pur. Verschiedenen Hunden begegne ich und beobachte sie intensiv. Der Geburtstagswunsch meines Mannes ist es, hier im ländlichen Umfeld auch einen Hund zu halten.

Ich beobachte Alf, den Schäferhund unseres Bauern im Dorf, wie er Stücke von Hölzern apportiert, unter die Zäune kriecht, mit dem Traktor am Abend die Kühe von der Weide holt, selbständig seine Aufgabe verrichtet ohne große Anweisungen zu erhalten.

Ich erlebe die ersten Hofhunde, die lautstark verkünden, wenn sich ein Fremder dem Hof nähert. Ich spüre die Angst einiger Bewohner des Dorfes und ihrer Kinder, wenn sie am Abend ihre Milchkanne zum Bauern bringen, um sie füllen zu lassen und verängstigt wieder umkehren, weil sie sich vor dem Hofhund fürchten.

In unterschiedlichen Gesprächen wird mir zum ersten Mal klar, wie wenig Information über das Verhalten von Hunden, über die Sprache und das Wesen des Hundes - auch gerade bei den Hundehaltern - vorliegen.

Diese negative Erfahrung mache ich später noch in verschiedener Weise: - im Gespräch mit Hundehaltern, Eltern, Kindern, Lehrern und Erziehern, - auf Spaziergängen und bei Begegnungen von Eltern und ihren Kindern mit unserem Hund, - auf dem Hundeplatz mit „Experten", die es immer schon besser wußten, wie man Hunde erzieht, wie man sie züchtigt, und daß ein Hund

„kuschen“ müsse, - aber auch während unserer Urlaubsreisen mit dem Wohnmobil und der Begegnung mit Hundehaltern.

Ich erlebe die unbegründeten und nicht erklärbaren Ängste gegenüber Hunden, weniger von Kindern als von Erwachsenen, und meist waren es mangelnde Informationen, die zu teilweise erschreckenden Verhaltensweisen führten.

Ein Hund aus dem Tierheim?

Einen erwachsenen Hund aus dem Tierheim wollten wir nicht, einen, der sich möglicherweise nur sehr mühsam an die familiäre Situation mit unseren beiden Kindern gewöhnen würde. Außerdem: Welch trauriges Schicksal hat dieser Hund hinter sich? Wieviel Verständnis, Nachsicht und Geduld würden wir neben unseren Kindern für einen solchen Hund aufbringen müssen? Eine solche Entscheidung kam für uns nicht in Frage. Wir wollten mit einem Hundebaby, einem Welpen, den wir auf unsere Familie prägen konnten, beginnen.

Unser Hund

Eine Briard-Hündin kam ins Haus. Wir erfuhren über eine Züchterin, daß es im Süddeutschen einen Wurf geben sollte. In einem abgelegenen Weinberg begegneten wir unserer Hündin. Ein hoher Wurf von zwölf Welpen nuckelte an der ausgemergelten Mutter. Vielleicht wollten wir die Schwächen der Mutter, die übertriebene Zurückhaltung der Hündin unserer Tochter und uns gegenüber, und die Abgeschiedenheit des Weinbergs, ohne vielfältige menschliche Kontakte, nicht wahrnehmen. Bei genauem Hinsehen wären wir möglicherweise von einem Kauf des Hundes abgekommen.

Über die Entwicklung unserer Hündin

Auszüge aus einem Brief an unsere Züchter:

„...nun ist aus der niedlichen, jungen Dame schon ein ansehnlicher Hund geworden, der sich bei den Besuchern an der Tür bereits reichlich Respekt verschafft. Die ersten Wochen waren etwas hart, fand ich.

Unsere beiden Kinder haben wir von Anfang an in die Arbeit mit eingebunden. Sie waschen den Freßnapf aus, bürsten den Hund, binden ihm die Leine um, ziehen ihm das Halsband an und verteilen das Hundefutter... Unsere Kinder kümmern sich rührend um die kleine Hündin und wissen, daß sie versorgt und gepflegt werden muß, damit sie sich entwickeln kann. Sie sind mitverantwortlich für das Gedeihen unseres Hundes, das haben sie begriffen. Kurzum: Dina ist in vielerlei Hinsicht eine echte Bereicherung für unsere Familie und hat sich so prächtig eingelebt, daß sie eine richtige Freundin für unsere Kinder geworden ist. Natürlich gibt es nun auch eine Menge Nachbarkinder, die gern in unser Haus kommen, um sich den Hund anzusehen, ihn zu streicheln und mit ihm zu spielen.

Unsere Kinder reden mit ihr wie mit einem Menschen, erzählen von der Schule, ihren Freunden, ihren schlechten Erlebnissen und ihren lustigen. Und es tritt nicht ein einziges Mal Langeweile auf in der Verständigung zwischen ihnen dreien.

Sarah, unsere jüngere Tochter, wird von Dina in besonderer Weise geliebt. Ich habe immer das Gefühl, daß die Hündin sie gar nicht als Kind betrachtet, sondern eher als Spielzeug und wir müssen aufpassen, daß die Spiele nicht überhand nehmen und die Hündin zu übermütig wird und Sarah als Rangniedere betrachtet. Jedenfalls lassen wir die Kinder in Anwesenheit des Hundes nicht allein. Während unserer Ausflüge in den Wald läßt uns die Hündin nicht aus den Augen und umkreist uns immerzu. Sie läuft vor, kommt zurück, läuft vor, das typische Merkmal des Hirtenhundes und hat dabei unsere Kinder immer im Blick. Noch heute schwärmen die Kinder davon, wie sie die winzigen Welpen vom Tag ihrer Geburt auf der Hand hatten und nicht glauben konnten, daß sich aus ihnen ein stattlicher Hund von 40 bis 50 Kilo und einer Höhe von 68 bis 70 Zentimetern entwickeln würde.

Vor ein paar Tagen spazierten zwei Frauen an unserem Haus vorbei, sahen unser `Bärchen´. Plötzlich höre ich einen Schrei: `Tun Sie den Hund weg, der sieht ja so gefährlich aus!´ Und bei unserem letzten Waldspaziergang sagt eine Mutter, ihren Sprößling an der Hand: `Komm, laß uns weitergehen, sonst beißt dich der Hund.´ Leider hatten wir keine Gelegenheit, über diese angstmachende Botschaft an das Kind zu diskutieren, zu schnell waren die beiden verschwunden. Wie soll ein solches Kind jemals ein nicht angstbesetztes Verhältnis zu einem Hund entwickeln?

Ihr seht, es gibt noch eine Menge zu tun, manche Ängste sitzen tief. In den meisten Fällen scheinen sie sich von den Müttern auf die Kinder zu übertragen, ohne daß die Mütter sich darüber im klaren sind, was sie mit ihrem Verhalten vermitteln."

Versäumte Prägephase

Mit unserer Hündin hatten wir nicht viel Freude. Möglicherweise hatte sie als Welpe in ihrer Prägungsphase und mit dem Erwachen der Hauptsinne, etwa um den 15. Lebenstag herum, sehr wenig Kontakt zu Menschen gehabt. Sie drückte sich scheu, zog sich zurück, knurrte und hätte sich möglicherweise zu einer Angstbeißerin entwickelt, wenn sie nicht bereits mit drei Jahren gestorben wäre. Selbstkritisch würde ich heute sagen, daß wir nicht gut genug informiert waren, um uns vorher den Züchter, das Umfeld, die Aufzucht der Welpen genau zu betrachten. Mit der Mutterhündin ist nie wieder gezüchtet worden.

Jedenfalls gab es noch einige sehr unschöne und traurige Stationen, die wir miteinander durchlebten. Über eines waren wir uns alle im klaren - nie wieder wollten wir einen ängstlichen Hund.

Wesensschwäche?

Eberhard Trumler schreibt dazu, daß es im Grunde eigentlich gar keine Wesensschwäche aus biologischer Sicht gebe, allenfalls Nervenschwäche, eine Übersensibilität, die angeboren ist. Mit Wesensschwäche sei die Vorstellung einer Erbschädigung verbunden, „...vor allem im Zuchtgeschehen verführe dieser Ausdruck zu züchterischen Fehlleistungen, die sich für den Fortbestand der einzelnen Rassen sehr verderblich auswirke."

„Wer nicht weiß, was man landläufig als Wesensschwäche bezeichnet, gehe am besten in den nächsten Zoo oder Wildpark und studiere dort das Verhalten der Wölfe. So wie die verhält sich nämlich ein Hund, den jeder Hundefachmann auf den ersten Blick hin als wesensschwach erkennt. Weil nämlich die Wölfe seit Urzeiten einen überaus harten Daseinskampf führen, selbst auch von Feinden reichlich genug bedroht sind, haben sie ein Scheuverhalten entwickelt, gegen welches das Scheuverhalten eines Feldhasen wie plumpe Vertrautheit wirkt. Wir haben in 15.000 Jahren Hundezucht dieses tiefverwurzelte Scheuverhalten bei unseren Hunden weitgehend weggezüchtet, aber nicht ganz. Das ist der springende Punkt. Jenes biologisch so wertvolle Scheuverhalten des Wolfes, der vor allem und jedem erschrickt, was er nicht von Kindheit an genau kennt, kann auch bei unseren Rassehunden zum Vorschein kommen, allerdings in einer schon etwas abgemilderten Form, was auch wieder von Hund zu Hund durchaus verschieden ist" (Trumler, Der schwierige Hund, S. 56).

Dany kommt ins Haus

Auszüge aus einem Brief, den ich Jahre später an die Züchterin unseres zweiten Briards, Dany, schrieb. Sie sollen meinen Lesern vermitteln, wie wichtig die Überlegungen vor einem Hundekauf sind. Hunde, die im Welpenalter nicht richtig geprägt werden oder deren Züchter nicht auf Wesensschwächen der Elterntiere achteten, tragen zur Angst der Öffentlichkeit vor Hunden mit bei.

„...Was uns in diesem Urlaub mit unserem Briard und unseren Kindern am meisten beeindruckte, muß ich Dir unbedingt mitteilen. Wie Du weißt ist Dany unser zweiter Briard. Anfang Oktober letzten Jahres verstarb unsere überängstliche Hündin, von der ich Dir ausführlich erzählt habe. Briard-Freunde, die uns bei der Erziehung dieses ersten Briards durch viele Gespräche beratend zur Seite standen, wußten um die Schwierigkeiten, die wir mit dieser Hündin hatten. Durch konsequente Arbeit haben wir es geschafft, daß sie sich ihren und unseren Möglichkeiten gemäß zu einer relativ sicheren Hündin entwickelt hatte.

Bei der Wahl unseres zweiten Briards waren wir uns über eines einig: Nicht die Schönheit, das Aussehen, waren wichtig für unser Auswahlkriterium, sondern wir wollten einen charakterfesten, nervenstarken Hund. Einen, den wir sozusagen zu jeder Tages- und Nachtzeit belasten können, ohne daß er `neurotisch´ ausflippt. Der unsere Kinder beschützt, mit ihnen spielt und ein wachsamer Begleiter auf unseren Reisen mit dem Wohnmobil ist. Ein Hund, der sich eben allen Lebenssituationen anpaßt.

Unser Hund ist kompakt, zärtlich, liebenswert, eigensinnig, selbständig und unkupiert. Und oftmals ist er recht stur. Wir haben auch ihn mit allen möglichen Situationen konfrontiert. Wir haben mit Dosen und Töpfen geklappert, sie vor ihn auf den Boden geworfen. Wir haben mit Mülltonnendeckeln geklappert und Regenschirme geöffnet. Er hat uns durch den Straßenverkehr begleitet. Wir haben ihn mit anderen Hunden spielen lassen. Die Kinder üben es, ihm regelmäßig einen Kalbsknochen aus dem Maul oder auch das Spielzeug wegzunehmen.

Wir legen ihn angeleint vor einem Geschäft ab. Er begleitet uns beim Paddeln und sitzt vorne im Boot. Er bewacht das Auto. Seinen Korb hat er bis heute nicht angeknabbert und ist zufrieden und ausgeglichen. Und selbst im orientalischen Basar mit vielen Menschen und ungewöhnlichen Klängen aus den Lautsprechern läßt er sich nicht aus der Ruhe bringen. Sogar nachts schlief er während der großen Hitze in Montenegro vor unserem Wagen im Freien. Ungebetene verbellt er, die ins Wohnmobil hineinwollen und unterscheidet zwischen friedlichen und bedrohlichen Situationen.

Im übrigen hatten unsere Kinder immer mit Allergie zu tun. Nach dem Tod von Dina hatte Sarah noch einen schweren Anfall. Dany hilft offenbar, diese Krankheit zu überwinden. Die Liebe zwischen Hund und Kindern ist so intensiv, daß Sarah mit Allergie nichts mehr zu tun hat. So gesehen ist unser Hund der beste Therapeut. Hoffentlich bewahrt er sich die Eigensinnigkeit und Entscheidungsfähigkeit, die wir immer wieder an seinem Verhalten beobachten und die uns so gut gefällt."

Unser Hund hat sich zu einem wunderbaren, wesenssicheren Hund entwickelt, mit allen Eigenschaften, die für unsere Familie und das Zusammenleben mit Kindern von Bedeutung waren. Ich habe ihn ausgebildet, von der ursprünglichen Begleithundeprüfung bis hin zur Gebrauchshundeprüfung. Ich habe manchen Sonntagvormittag bei der Fährtensuche in den Wiesen gestanden. Dann, wenn meine Familie noch schlief, weil sie meine Begeisterung nicht immer verstand. Unser Hund war glücklich und ich mit ihm, und wenn ich sagte: „Fahren wir jetzt zum Hundeplatz?", dann war sein Temperament kaum noch zu bändigen.

Ich habe mir nach anfänglicher eigener Skepsis gegenüber Ausbildungsmethoden und Hundeplätzen viele unterschiedliche Arbeitsweisen angesehen. Ich habe mir meinen Hundeplatz ausgesucht, von dem ich überzeugt war, daß er der richtige war. Ich habe mich gefreut und war traurig über gute oder schlechte Prüfungsergebnisse und habe mit Freunden über den Sinn oder Unsinn von Schutzhundprüfungen, die ich abgelegt habe, diskutiert.

In den meisten Fällen hat mich meine Familie begleitet und wir verbrachten so manche freie Zeit auf dem Hundeplatz, bei Wind und Wetter.

Ich habe einen Hütelehrgang im Westerwald besucht, als ich feststellte, daß unser Hund Schafe in besonderer Weise „liebte". Sobald sie sich bewegten, war er mit einem Satz über dem Zaun und hielt ein Schaf mit seinen langen Zähnen einfach fest. Aus all diesen Erfahrungen hatte ich meine Lehren gezogen.

Ich habe Gespräche geführt mit Schäfern und Ausbildern und jeder war begeistert von diesem wunderbaren Hund. Natürlich fuhr ich anfänglich auch auf Hundeausstellungen, besuchte sie eine gewisse Zeit, bis sie mir zunehmend lästig wurden.

Ich brachte ihn vor Richter, die von diesem Rüden, mit dem ich bedauerlicherweise nie gezüchtet habe, sehr angetan waren.

Ich habe unseren Hund in Schulklassen mitgenommen, mit denen ich während meiner Lesereisen zu tun hatte und habe kaum ängstliche Kinder erlebt, die von diesem Hund nicht begeistert waren. Die meisten wollten ihn streicheln.

Ein wunderbarer Hund, der die letzten sechs Jahre, seit wir eine schwerkranke Verwandte in unserem Haus betreuen, dazu ein einzigartiger Therapeut war. Aber auch dieser Hund war nicht ohne Schwäche. Er entwickelte sich zu einem so dominanten Rüden, daß ich eigentlich den Begegnungen mit fremden Rüden nur aus dem Weg gehen konnte.

Ein Hund ohne „Macken"? Ich glaube, einen solchen Hund gibt es nicht. Wichtig ist, daß die Hundehalter richtig mit den jeweiligen Schwächen umgehen können, um Probleme zu vermeiden.

Warum ich mir einen Hund wünsche

Selbst Kinder aus Familien mit Vorurteilen und Ängsten gegenüber Hunden haben oft den natürlichen Instinkt, der über tausende von Jahren Mensch und Hund zusammenführte, nicht verloren. Ihre anerzogene Angst kann leicht überwunden werden. Es gibt wohl kaum ein Kind, besonders wenn Zuwendungs- und Zärtlichkeitsdefizite in der Familie bestehen, das sich nicht einen vierbeinigen Partner wünscht. Der Hund ist erfahrungsgemäß der Wunsch Nr. 1. Wie eingehend sich Kinder mit ihren Erfahrungen und auch der Handlungsweise ihrer Eltern und anderer Erwachsener beschäftigen, zeigen die Aussagen von einigen Jungen und Mädchen, die ich zu diesem Thema befragte. Wer auch nur ein wenig zwischen den Zeilen zu lesen versteht, wird auch sehr Erschütterndes über tiefverwurzelte Einstellungen von Kindern heraushören.

Kinderstimmen

Jeanette, 9 Jahre
Wenn der Hund klein ist, kann man ihn so schön knuddeln. Man kann ihm Puppensachen anziehen und ihn ins Puppenkörbchen oder in den Kinderwagen legen.

Sonja, 15 Jahre
Wenn ich einen großen Hund hätte, würde ich gern auf dem Land wohnen. Ich finde es schrecklich, wie die Hunde in der Stadt alle gemeinsam ein „Hundeklo“ in einer Parkanlage benutzen. Unsere Baumallee - die Hans-Sachs-Allee - heißt inzwischen Hans-Kack-Allee, weil dort alle Hunde ausgeführt werden. Meistens geschieht das im Dunkeln, weil die Hundehalter so viel Ärger mit den Bewohnern dort bekommen. Eigentlich müßte es doch Grünflächen geben - vor allem für uns Kinder - dann könnten wir mit den Hunden spielen. Das wäre schön.

Dirk, 12 Jahre
Meine Eltern haben einen kleinen Dackel gekauft, das war kurz vor Weihnachten. Meine Schwester und ich waren überglücklich. Das war schon immer unser allergrößter Wunsch. Meine Eltern haben gleichzeitig einen neuen Teppichboden gekauft. Der Welpe war noch nicht stubenrein, und meine Mutter hat jeden Tag geschimpft. Ein paar Tropfen hat Rexi verloren, wenn er sich freute oder wenn wir ihn nach dem Essen nicht unmittelbar in den Garten geführt haben. Dann knabberte er an den Stühlen herum oder biß uns mit seinen kleinen spitzen Milchzähnen in die Beine. Wir hatten ganz viel Spaß mit ihm. Eines Tages sagte meine Mutter, daß sie den Hund doch wie-

der zur Züchterin zurückbringen wolle, der Hund mache doch mehr Schmutz und Arbeit als sie vorher geahnt hätte. Und dann die vielen Hundehaare...

Meine Schwester und ich haben uns in unserem Zimmer eingeschlossen und geweint. Das haben wir unserer Mutter bis heute nicht verziehen. Und immer noch denken wir an Rexi. Es war plötzlich viel lustiger zu Hause, weil der kleine Hund mit uns spielte und so drollig war. Und das bißchen Dreck...

Nadine, 16 Jahre

Meine Eltern hatten schon immer Hunde. An einen kann ich mich ganz besonders gut erinnern. Er hieß Chester und war ein wuscheliger Hirtenhund. Ein Arztehepaar aus dem Ruhrgebiet hatte Chester in einer Zeitung angeboten - kostenlos. Sie wollten ihn also verschenken. Vor Chester hatten wir einen wunderschönen altdeutschen Schäferhund. Der hieß Jaro. Als Chester ins Haus kam, zwickte er ab und zu meine Freundinnen. Eines Tages lag er vor unserer Haustür im Garten und ließ niemanden mehr hinein. Meine Freundinnen blieben weg, weil sie plötzlich vor Chester Angst hatten. Er knurrte, verteidigte sein Haus, und mein Vater ging ganz streng mit ihm um.

Eines Tages biß er meine Schwester Jana in den Oberarm. In einem Reflex zog sie ihren Arm vor's Gesicht, trotzdem blutete die Bißwunde so, daß wir mit ihr ins Krankenhaus mußten.

Mein Vater hat darauf bestanden, Chester einschläfern zu lassen. Er war ein wunderschöner Hund, dem meine Geschwister und ich noch heute nachtrauern. Heute denke ich, daß es Chester in seiner ersten Familie schon nicht gut ergangen ist. Mit einem halben Jahr hat er von einem Kind ein Plastikspielzeug verschluckt und ist operiert worden. Sicher ist er von den Kindern auch gezickelt worden. Wir hätten so gern wieder einen Hund, mit dem wir spielen und Fahrrad fahren können, der einfach unser Freund ist.

Rita, 6 Jahre

Warum läuft der kleine Hund von Frau S. immer nur an der Leine herum? Warum darf er mit uns Kindern nicht spielen? Ich finde, daß der Hund ganz traurige Augen hat. Wenn er an Kindern vorbeigeht und stehenbleibt, dann zerrt Frau S. ihn weiter und sagt: „Komm, Pucki. Die Kinder ärgern dich nur." Immer an der Leine für einen so kleinen Hund? Das finde ich ganz traurig! Wenn ich einen Hund hätte, würde ich ganz viel mit ihm spazieren gehen, und ich würde ihn auch öfter ohne Leine laufen lassen. Einige aus meiner Klasse haben einen Hund, den nehmen sie sogar mit in die Ferien.

Petra, 8 Jahre

Mein Vater hat gesagt, daß unser Schäferhund nach Amerika verkauft wird, wenn er ausgebildet ist. Da bekommen wir ganz viel Geld. Deshalb übt mein Vater mit ihm immer auf dem Hundeplatz, damit er alle Prüfungen schafft.

Mein Vater sagt, daß er eine gute Schutzhundeprüfung machen muß, sonst können wir ihn nicht verkaufen. Ich bin schon jetzt ganz traurig, wenn Ulf verkauft wird. Neulich mußte Ulf mit einem Eisenschlitten, der bestimmt richtig schwer war, um einen Platz laufen. Die Leute sagten, das sei wichtig, damit der Hund eine gute Rückenlinie bekommt. Das habe ich nicht verstanden. Mein Freund hat vor ein paar Tagen einen Hund aus dem Tierheim bekommen, er sagt, daß seine Eltern viel mehr miteinander reden würden als vorher. Und den Fernseher hat er seit ein paar Tagen gar nicht mehr eingeschaltet, weil sie jetzt zusammen spazieren gehen.

Susi, 10 Jahre

Ich hätte so gern ein Tier, am liebsten einen Hund. Aber klein muß er sein. Ich bin so oft allein, weil ich keine Geschwister habe. Außerdem sind meine Eltern viel unterwegs. Ein Hund könnte mein Freund sein, mit dem ich reden und schmusen kann, ich kann ihn anfassen und streicheln, er kann mich beschützen und bewachen. Mein Vater würde schon gern einen Hund kaufen, aber meine Mutter sagt: „Die Arbeit bleibt dann doch wieder an mir hängen". Vielleicht spar' ich mein Taschengeld und kauf mir selber einen...

Anke, 15 Jahre

Neulich haben wir einen Besuch bei einer Tierärztin gemacht. Sie hat sich angeboten und gesagt, daß sie auch einmal in unsere Schule kommt. Wir konnten sehen, wie sie einen Hund kastrierte, der in ein Tierheim gebracht werden sollte. Alle Hunde im Tierheim, sagte sie, würden kastriert. Es war interessant, was sie uns zeigte, und wir konnten ihr viele Fragen stellen. Bei diesem Besuch habe ich im Wartezimmer viele Hunde gesehen und zum ersten Mal meine Angst vor Hunden verloren, weil mir kein Hund etwas getan hat. Sonst bin ich ihnen immer aus dem Weg gegangen. Eigentlich hätte ich auch gern einen Hund.

Angstäußerungen von Erwachsenen und Kindern

Während meiner Recherchen und Befragungen bei Erwachsenen und Kindern bin ich auf sehr unterschiedliche und zum Teil widersprüchliche Angstaussagen gestoßen: „Als Kind bin ich von einem Hund gebissen worden, seitdem rühre ich keinen Hund mehr an."

Bei meinen Rückfragen hat es mich doch sehr verwundert, daß bei solch einschneidenen Erlebnissen viele Einzelheiten nicht mehr nachvollziehbar oder völlig aus dem Gedächtnis verschwunden waren. Auf meine Frage, wohin der Hund gebissen habe, wie tief die Wunde war, ob sie vom Arzt behandelt werden mußte, um welchen Hund es sich gehandelt habe, was mit dem Hund geschehen war, wem der Hund gehörte, wie es zu dem „Beißen" kam, erhielt ich in den meisten Fällen nur ein Schulterzucken als Antwort.

- „Tut Ihr Hund meinem Kind etwas?"
- „Beißt Ihr Hund?"
- „Der Hund sieht aber gefährlich aus."
- „Der Hund ist aber groß."

Die meisten Hundebesitzer kennen solche Fragen und Äußerungen und zahlreiche Mitmenschen haben - wie sie meinen - eine begründete Angst vor Hunden. „Angstobjekte" sind die als besonders gefährlich angesehenen Rasen wie zum Beispiel Doggen, Rottweiler, Dobermänner, Bullterrier, oftmals auch Schäferhunde. Dabei findet man gerade unter den kleineren Hunden häufig bissige und „giftige", und nicht selten hört man von ihren Besitzern: „Fassen Sie meinen Hund nicht an." Viele Hundebesitzer kennen die Verhaltensweisen von Menschen, die Angst vor dem Hund haben oder sogar in Panik geraten: Da wird von einem Passanten ganz plötzlich die Straßenseite gewechselt, wenn ihnen Hundebesitzer auf dem Bürgersteig entgegenkommen, da wird der Kinderwagen beim Anblick eines Hundes ein wenig schneller geschoben, der Mountain-Biker kommt vor Schreck vom Weg ab und der Jogger ruft von weitem: „Halten Sie Ihren Hund fest!"

Die Erzieherin eines Kindergartens erzählte mir, daß eine Reihe von Müttern, die mittags ihre Kinder vom Kindergarten abholten, einen großen Bogen um einen angeleinten Hund machten, der auf sein „Frauchen" wartete, das ihr Kind ebenfalls aus dem Kindergarten abholte. Daß es Beschwerden darüber gegeben habe und daß einige Eltern darum bitten, den Hund nicht in der Nähe des Kindergartens anzuleinen. Die Kinder hätten einfach Angst und wagten nicht, an dem Hund vorbeizugehen. Dabei waren es wieder die Erwachsenen, die ihre eigenen Ängste auf die Kinder übertrugen.

Mit unserem Hirtenhund bin ich desöfteren an einem Kindergarten vorbeispaziert. In der Mittagszeit, dann, wenn die Kinder von ihren Eltern oder Großeltern abgeholt wurden, habe ich unterschiedliche Verhaltensweisen bei der Begegnung mit unserem Hund beobachten können:

- Mutige Kinder kamen spontan und oftmals lautstark auf unseren Hund zugelaufen

- Einige fuchtelten mit dem Kindergartentäschchen oder einem Regenschirm vor dem Kopf des Hundes herum

- Manche versuchten, ihn am Schwanz festzuhalten, mit der Bemerkung: „Der ist ja so groß, darauf kann man ja reiten. Halt den Hund fest, dann kann ich mich mal draufsetzen."

- Auf dem Heimweg fiel auch mal eine Cola-Dose über die Gartenhecke, wenn der Hund draußen lag oder ein Stein oder ein Stück Holz wurde in den Garten geworfen. „Wir wollten mal ausprobieren, wie der Hund reagiert."

- Andere Kinder klammerten sich an den Rockzipfel der Erwachsenen, schrien von weitem: „Der Hund sieht aus wie der böse Wolf."

Nicht immer sind die erwachsenen Begleiter der Kinder eingeschritten und haben sie darauf aufmerksam gemacht, daß solches Ärgern für den Hund eine Herausforderung bedeutet und er solches Verhalten einfach nicht mag.

Bedauerlicherweise gibt es aber auch immer wieder Hundehalter, die sich am Anblick solch angstverschreckter Menschen und ihrer Kinder weiden. Sie bessern ihr mangelndes Selbstwertgefühl dadurch auf und fühlen sich in Anwesenheit ihres Hundes ganz besonders stark.

Verantwortungsbewußte Hundehalter finden kaum Gefallen an derartigen Konfrontationen mit Menschen, deren angstgeweitete Augen schon von weitem erkennen lassen, daß eine Annäherung überhaupt nicht möglich ist. So gehen sie sich aus dem Weg.

Angst vor dem Hund - woher kommt sie?

Der inzwischen verstorbene Psychoanalytiker Fritz Riemann beschreibt in seinem Buch „Grundformen der Angst - eine tiefenpsychologische Studie" die Grundängste der menschlichen Existenz und benennt die verschiedenen Formen von Ängsten: die schizoide, die depressive, die zwanghafte und die hysterische Persönlichkeit.

Tiefenpsychologisch betrachtet gehören Ängste zu unserem Leben dazu, was nicht heißt, daß wir uns dauernd dieser Angst bewußt wären. „Doch ist sie gleichsam immer gegenwärtig und kann jeden Augenblick ins Bewußtsein treten, wenn sie innen oder außen durch ein Erlebnis konstelliert wird. Wir haben dann meist die Neigung, ihr auszuweichen, sie zu vermeiden, und wir haben mancherlei Techniken und Methoden entwickelt, sie zu verdrängen, sie zu betäuben oder zu überspielen und zu leugnen..." (Riemann, F., Grundformen der Angst, S. 7).

Wir haben Angst vor Einsamkeit, vor Krankheit, vor Alter, vor Bedrohungen, vor Situationen, Dingen, Verhaltensweisen und vor Hunden, die uns fremd sind, deren Sprache wir nicht kennen, deren Verhalten wir nicht einordnen können, weil wir zu wenig darüber wissen. Meistens tritt die Angst immer dann und dort auf, wenn wir uns in einer Situation befinden, der wir nicht oder noch nicht gewachsen sind. Das Erlebnis Angst gehört also zu unserem Dasein dazu.

Unsere Angst im Blick auf Hunde hat einen Doppelaspekt: Einerseits kann sie uns aktiv machen, andererseits kann sie uns lähmen. „Angst ist immer ein Signal und eine Warnung bei Gefahren, und sie enthält gleichzeitig einen Aufforderungscharakter, nämlich den Impuls, sie zu überwinden", schreibt Riemann und er sagt, daß das Annehmen und Meistern der Angst einen Entwicklungsschritt bedeutet, der uns ein Stück reifen läßt. Das Ausweichen vor ihr und vor der Auseinandersetzung mit ihr läßt uns dagegen stagnieren, es hemmt unsere Weiterentwicklung und läßt uns dort kindlich bleiben, wo wir die Angstschranke nicht überwinden.

Natürlich gibt es eine Fülle individueller Ängste, die wir bei anderen nicht immer verstehen können, weil wir sie an uns selber nicht kennen: Der eine hat Angst, eine Brücke zu überqueren, die andere betritt keinen Aufzug und hält sich nicht gerne in geschlossenen oder zu kleinen Räumen auf, wieder andere haben Angst vor Käfern und Spinnen, manche reagieren auf schwarze, kleine Hunde, andere auf große. Einige ängstigen sich beim Anblick eines Hundes dermaßen, daß sie wie gelähmt stehenbleiben und sich nicht von der Stelle rühren, andere werden aktiv und verlassen fluchtartig das Gelände.

Ängste haben also auch verschiedene Ursachen, auf die ich nicht im einzelnen eingehen kann, weil sie in den unterschiedlichen Formen vorkommen.

Unzertrennliche Freunde! Foto: Monika Höhn

Mein Hund! Maria (7 Jahre) mit Max (6 Monate). Foto: Manuela Barth

Eine Erziehungsaufgabe! Schwere Welpen dürfen von Kindern nicht herumgeschleppt werden. Ganz süß, aber schädlich für Kind und Welpen!
Foto: Kynos Archiv

Er hat immer Zeit für mich! Foto: Jürgen Braun

Rückhaltloses Vertrauen. Foto: Manuela Barth

Zuverlässig beschützt! Foto: Kynos Archiv

Kinder und Hunde brauchen Körperkontakt, aber immer unter Aufsicht!
Fotos: Archiv DTK

Nicht immer ist der wuschelige Hund auch ein sanfter und läßt sich das Kraulen der Kinder gefallen. Foto: Monika Höhn

Kinder können einen Hund auch „verschönern". Aber Vorsicht - nicht jede Rasse ist so geduldig wie ein Bullterrier. Foto: Pete Dine

Eines scheint jedenfalls klar zu sein: „Angststörungen“, das haben Wissenschaftler herausgefunden, zählen zu den häufigsten Leiden überhaupt, die bei „normalen“, geistig und körperlich gesunden Menschen plötzlich auftreten können. Schätzungsweise acht Millionen Deutsche sind von Ängsten befallen und Wissenschaftler sprechen bereits vom „Jahrzehnt der Angst“. Vor allem in den Industriestaaten zeigt sich das Gesicht der Angst immer deutlicher. In vielen Großstädten gibt es bereits Angstambulanzen und Kliniken, um dieser „Volkskrankheit“ Herr zu werden, und die moderne Angsttherapie erlebt einen Boom. Sie zählt inzwischen zu den erfolgreichsten Behandlungsformen psychischer Leiden. Dabei sollte berücksichtigt werden, daß jede Angst ihre eigene Geschichte hat, die mir gerade auch beim Erzählen über die Ängste vor Hunden deutlich wurde. In sehr wenigen Fällen waren es die Kinder selber, die Angst vor Hunden hatten, sondern meist deren Eltern und Erzieher. Und oft verbanden sich mit ihren Ängsten Erlebnisse, Begegnungen oder sonstige Konfrontationen mit Hunden, die nie durch sachgerechte Informationen geklärt, erklärt, klargestellt, abgebaut, korrigiert werden konnten.

Die Ängste waren da, sie blieben einfach da - von Kindheit bis zum Erwachsenenalter - tiefsitzend, unbearbeitet, und wurden weitervermittelt an die Kinder und Enkel. Diesen Teufelskreis gilt es zu unterbrechen.

Auf folgende Ängste im Blick auf Hunde möchte ich in den nächsten Kapiteln eingehen und mich mit der Frage auseinandersetzen, woher diese Ängste eigentlich kommen.

- Sind es Märchen, welche die Angst vor dem bösen Wolf schon in unserer Kindheit in uns ausgelöst haben?
- Sind es die Medien, die mit Horrormeldungen und einseitigen Berichtererstattungen über beißwütige Hunde die Menschen verunsichern?
- Sind es mangelnde Informationen über das Verhalten von Hunden?
- Sind es „beißende Hunde“ und was wissen wir über das Beißen?
- Sind es Menschen, die versagen, wenn Hunde beißen?
- Sind es Ängste vor Infektionen und Krankheiten wie Allergien?
- Sind es Ängste - vor allem der Städter - in Hundekot zu treten und den Hunden in Parkanlagen, Rasenflächen, Kinderspielplätzen und Sandkästen beim Verrichten ihres „Geschäfts“ zu begegnen?

Wir sollten uns fragen, was wir eigentlich über das Wesen und die Sprache unserer Hunde wissen. Sind wir bei der Begegnung mit unseren Vierbeinern und dem Umgang mit ihnen eigentlich ausreichend informiert? Sollte das Wissen über unsere Hunde nicht genauso selbstverständlich sein wie das Wissen über unser Auto, das wir fahren? Auf das wir ja ebensowenig verzichten wollen wie auf unsere Hunde?

Um Unfälle zu vermeiden, müssen wir uns zwangsläufig mit Verkehrsregeln und unserem richtigen Verhalten im Straßenverkehr auseinandersetzen. Warum gilt das nicht im Blick auf Hunde?

- Was wissen wir über die Angst des Hundes und sein natürliches Aggressionsverhalten ?
- Was wissen wir über Merkmale des Hundes, die Angst beim Menschen auslösen?

Ein wichtiges Anliegen meines Buches besteht darin, die Angst vor Hunden, die Angst vor dem Beißen, dem ängstlichen Leser, dem Erzieher, den Eltern und Großeltern und den Kindern und Jugendlichen selber durch gute Informationen und Verhaltenshinweise zu nehmen. Denn in den seltensten Fällen beißt der Hund - und nie ohne Grund. Sein Verhalten beziehungsweise seine Aggression kann häufig auf ein Versagen in der Erziehung und in der Haltung des Hundes zurückgeführt werden. Ein besonderes Anliegen ist mir dabei auch, die „therapeutische Seite“ des Hundes für Kinder im Auge zu behalten.

Angstauslösende Merkmale des Hundes

Die meisten Menschen, denen Hunde Herzklopfen bereiten, sind noch nie ernsthaft von einem Hund angegriffen worden, trotzdem fürchten sich vier von zehn Bürgern vor Hunden. Das sind - einer Umfrage zufolge - diejenigen, die bereit sind, sich selbst und anderen ihre Angst einzugestehen. Welche äußeren Merkmale sind es nun, die Angst und Beklemmungen auslösen?

Wuschelhunde, solche mit längerem Fell, gelten gerade bei Kindern als harmlos. Weiße Hunde scheinen Sympathieträger, wie beispielsweise der lächelnde Samojede. Fixierende Augen sind ein bedeutendes Feindmerkmal, und man hat herausgefunden, daß paarweise nebeneinander angeordnete Augenflecken beim Betrachter eine Angstreaktion auslösen, die mit einer Pupillenerweiterung einhergeht.

Das Gebiß löst ebenfalls Angst aus. Die Konfrontation mit einem Maul voller Zähne macht dem Menschen Angst. In Experimenten hat man festgestellt, daß Versuchspersonen auf Zahnattrappen reagieren und auf ein simples Zackenmuster im Gegensatz zu einem Wellenmuster mit Erregungsanzeichen reagieren.

Der trottelig wirkende Bobtail wird oft als Bettvorleger bezeichnet, ein nettes Bärchen, der gern gestreichelt wird, anders als der Rottweiler, der bei Kindern und Eltern Angst auslöst, ohne daß sie ihn selber jemals aus der Nähe erlebt haben. Der Rottweiler hat eben ein schlechtes Image und gilt als scharf und bissig.

Einen „bösen Blick“ scheinen Hunde mit hellen Augen (blau, grün, bernsteinfarben) zu haben und sind einigen Menschen verdächtig. Husky-Augen werden häufig als kalt, tückisch oder falsch bewertet. Gespenstisch, psychopathisch, aber auch attraktiv wirken die Augen des Weimaraners, der etwas von Klaus Kinski habe. Wenig vertrauenserweckend sind offensichtlich Hunde, die blutunterlaufene Bindehäute haben, wie der Mastino Napoletano oder der Bloodhound. Oft gelten sie aufgrund ihrer hängenden Augenlider zudem noch als blutrünstig.

Nach Auffassung mißtrauischer Bürger wirken kleine und schmale Augen, vom Volksmund oftmals „Schlitze“ oder auch „Schweinsaugen“ genannt, als (hinter-) listig und damit gefährlich, wie zum Beispiel beim Bullterrier.

Wie bereits erwähnt, spielt die Fellfarbe und -länge eines Hundes eine Rolle im Bezug auf sein Image. Friedfertig und freundlich scheinen die hellen Tiere (außer es handelt sich um ein weißes mit „Schlitzaugen“), den schwarzen und dunklen Hunden ist nicht zu trauen.

Schwarze Hunde, die Kreaturen der Finsternis, wurden zu Zeiten der Inquisition gerne dem Scheiterhaufen übergeben, weil sie mit dem Teufel im Bunde stünden. Eine dunkle Maske reicht beim Hund schon aus, um ihn gefährlicher wirken zu lassen wie beim Leonberger und beim Tervueren.

Einige Menschen haben jedoch auch Angst vor einem „lachenden“ Gesicht, wie es ein Dalmatiner aufsetzen kann. Durch das leicht geöffnete Maul ist er in der Lage, die Mundwinkel zurückzuziehen und die Schneidezähne zu entblößen. Das geschieht dann, wenn diese Hunde „gut drauf“ sind oder sich in Spiellaune befinden. Das gleicht dann häufig einem Zähnefletschen und versetzt unbedarfte Menschen in Angst und Schrecken.

Auf meine Rückfrage im Tierheim, welche Tiere beim ersten Anblick Angst auslösen, erhielt ich die Antwort: „Es sind oft die schwarzen Hunde.“

Das alles sind Ängste, deren Entstehung noch verhältnismäßig leicht einsehbar sind. Tiefer sitzt eine andere Angst - die Angst vorm „bösen Wolf“.

Woher stammt diese Angst?

Die Angst vor dem „bösen Wolf“ oder das „Rotkäppchen-Syndrom“

Solange es Kinderbücher gibt, gibt es auch Tiergeschichten für Kinder. Kinder sind Tieren näher als Erwachsene. Tiererzählungen spielen in allen Arten des Jugendbuchs eine Rolle und bei der Aufschlüsselung nach Themengruppen steht denn auch das Buch mit der Thematik „Tier“ mit Abstand an erster Stelle. Tiergeschichten findet man in unterschiedlichen Tierbüchern wieder. Da gibt es Fabeln, Tiermärchen, Tiererzählungen, Tierbeschreibungen und Tierbilderbücher. Ihnen allen werden unterschiedliche Funktionen zugeschrieben.

Ein junges Mädchen äußerte einmal: „Ich liebe Hunde, und weil ich keinen Hund besitze und mehr über Hunde wissen möchte, lese ich hauptsächlich Hundebücher, damit ich den Hund und sein Wesen besser verstehe.“

In vielen Tierbüchern spielt der Wolf eine Zentralfigur.

Ich erinnere mich noch recht gut an das Nervenkitzelgefühl, wenn ich als Kind die Geschichte von Rotkäppchen und dem Wolf hörte. Dem „bösen Wolf“, der Rotkäppchens Großmutter und später das sympathische, brave und naive Mädchen als Nachtisch verspeiste.

Oder an die Geschichte vom Wolf und den sieben Geislein. Der „böse Wolf" ist es wieder, der die sieben Geislein verschlingt, indem er nach dem Verzehr von Kreide hinterlistigerweise seine Stimme verstellte.

Auch die Erzählung vom klugen, frechen Fuchs, der den „bösen Wolf" hereinlegte, ist uns nicht unbekannt. Wie freuten wir uns als Kinder, wenn der Jäger kam und dem schrecklichen Wolf bei lebendigem Leib den Bauch aufschnitt, um alle wieder zu befreien, die der Wolf gefressen hatte. Und wie froh waren wir, daß dem „bösen Wolf" dann dicke Steine in den Bauch gefüllt wurden, der Bauch fein säuberlich zugenäht wurde und der Wolf, dieses schreckliche Untier, mitsamt seinem Gewicht in den Brunnen stürzte.

Wie gern sah ich Kasperletheater, spielte es selber, und lud Kinder nach Hause zum Mitspielen oder zum Zusehen ein. Wir improvisierten ein Theater, zwischen Stühlen befestigten wir Bettücher, und selbstverständlich spielte der „böse Wolf" eine zentrale Rolle. Wir zogen eine alte Herrensocke über die Hand, spreizten unsere Hand weit auseinander, um das große Maul zu demonstrieren, mit dem der Wolf dann das fraß, was ihm in die Quere kam. Später gehörte zu meinem Kasperlepuppen-Repertoire selbstverständlich auch eine Wolfspuppe, unheimlich, mit aggressivem Gesichtsausdruck und weit aufgerissenem Maul, welche die Kinder das Fürchten lehrte. Kinder lernen also das Fürchten, das Fürchten vor Fabelwesen, vor Dämonen, vor Hexen und Geistern - und vor Wölfen.

Welches Fazit könnten wir aus alledem ziehen? Werden mit diesen Geschichten nicht gleichzeitig naturwidrige Grausamkeiten so intensiv vermittelt, daß es nur schwer ist, die Vorstellung über den „bösen Wolf" zu korrigieren? Was wissen wir Erwachsenen - was wissen Kinder eigentlich über das Wesen des Wolfes?

Der Wiener Kabarettist und Schauspieler Fritz Muliar erzählte einmal folgende Geschichte: „...irgendwo im Bereich der polnisch-russischen Grenze ... Mit dem Pferdeschlitten fuhr ich durch einen großen, finsteren Wald. Plötzlich bemerkte ich hinter mir einen Wolf. Der Kutscher schlägt auf die Pferde ein, der Schlitten gleitet in sausender Fahrt über den Schnee. Noch mehr Wölfe springen heran. Da - auf einmal spüre ich den heißen Atem in meinem Genick..., und da tat Gott ein Wunder: Die Geschichte ist nicht wahr."

Der inzwischen verstorbene Schüler von Konrad Lorenz, Eberhard Trumler, schreibt in seinem Buch „Hunde ernst genommen":

„Etwas Wahres ist an der Geschichte von Fritz Muliar doch dran, nämlich die Tatsache, daß fast alle derartigen Erzählungen von Wölfen, die Menschen verfolgen - nicht wahr sind. Sonst würden sie nicht so zahlreich erzählt werden können. Fast jeder russische Bauer ist schon von Wölfen verfolgt worden, und jedesmal hat Gott so ein kleines Wunder getan."

An einer anderen Stelle des Buches berichtet Trumler über den Forscher Valerian Geist, der sich mit dem Verhalten von Bergschafen in Alaska beschäftigte. „Noch Neuling auf diesem Gebiet, lag er eines Abends mit dem Nachtglas auf der Lauer, um seine Schafe zu beobachten. Plötzlich bemerkte er rings um sich entfernte Punkte, die in der Dämmerung näher und näher kamen, größer wurden und sich zuletzt als Wölfe entpuppten, die ihn eingekreist hatten. Valerian wußte zwar von den Einheimischen, daß die Wölfe einen Menschen nicht angreifen. Er war sich angesichts der Lage nicht ganz sicher, ob die Wölfe das auch wußten..."

Die Wölfe rückten also näher an ihn heran. Aber nicht, weil sie ihn unbedingt fressen wollten. Es war pure Neugier. Die Wölfe waren verunsichert. Wann sahen sie schon einmal einen Menschen am Boden liegen? Sie waren sich nicht im klaren darüber, was das sollte. Valerian war wohl zur letzten Verteidigung bereit und als er dann aufsprang, stürzten die Wölfe in alle Richtungen davon. Wenn sich etwas in dem vertrauten Gelände des Wolfes befindet, das vorher noch nicht da war, dann ist der Wolf neugierig und will es erkunden.

An dieser Stelle möchte ich etwas über meinen ersten Besuch in der Forschungsstation Birken-Honigsessen und meine Begegnung mit Wölfen erzählen. Bei diesem Besuch mit Familie und Hundefreunden vor vielen Jahren im Freigehege und in der Forschungsstation von Eberhard Trumler wurden wir schon von weitem durch das Heulen seiner Wolfshunde angekündigt.

Zum Geburtstag hatte mein Mann mir sein Buch: Das „Jahr des Hundes" geschenkt und mein sehnlichster Wunsch war es, doch einmal die Dingos und Wolfshunde aus unmittelbarer Nähe zu sehen. In Birken-Honigsessen wurden wir schon unten im Tal von den Hunden mit lautem Heulen begrüßt. Eberhard Trumler schloß die Tür zu seinem Gehege auf. Neugierig kamen die ersten Wolfshunde auf uns zu - mit großzügigem Abstand. Vorsichtig wirkten sie und beinahe ängstlich.

Das Heulen verstummte, ebenso das Heulen unseres eigenen Hundes, der im wahrsten Sinne mit den Wölfen heulte als er sie - in unserem Wagen sitzend - hörte. Er hatte in seinem Heulen überhaupt viel Wölfisches. Immer waren es gewisse Töne, auf die er reagierte, seinen Hals reckte und sein Heulen begann: Spielte unsere Tochter Querflöte oder mein Mann Saxophon, hörte er auf dörflichen Festen während unserer Sommerreisen in die Bretagne keltische Dudelsackmusik - er heulte mit.

Noch jetzt bedauere ich, daß ich mir meinen Wunsch zu Trumlers Lebzeiten nicht erfüllt habe: Ich hätte gern mehr erfahren, gern mehr gesehen, ich hätte gern für eine Weile in Birken-Honigsessen mitgearbeitet. Auf einem kleinen Hocker wollte ich mich ganz still in eine der idyllischen Ecken begeben und ganz einfach nur beobachten, ein wenig schreiben und fotografieren... Immer schon hatte mich das Heulen der Wölfe fasziniert, das ich verschiedentlich auf Reisen nach Rumänien und in die Slowakei gehört hatte.

Die Frage, ob der Wolf gefährlich ist, hat die Menschheit von jeher beschäftigt und wird sie vermutlich weiterhin beschäftigen. Und die Aussagen über Wölfe werden weiterhin unterschiedlich bleiben, je nachdem, wozu man sie benötigt. In dem Buch „Großraubwild in Europas Revieren“, das Trumler ebenfalls in seinem Buch erwähnt, bringt der Autor Heinz-Jürgen Fengewisch ein eigenes Kapitel ein: „Ist der Wolf gefährlich?“

Er führt hier eine Reihe von Daten vorwiegend aus dem vorigen Jahrhundert an, die davon berichten, daß Menschen Wölfen zum Opfer gefallen sein sollen. Es geht daraus aber nicht hervor, ob es sich um Menschen gehandelt hat, die im Vollbesitz ihrer Kräfte waren, oder um solche, die bereits den Unbilden eines strengen Winters - dieser wird in den Berichten zumeist erwähnt - erlegen waren. Daß ein erfrierender oder noch eher ein bereits erfrorener Mensch von Wölfen angenommen und gefressen wird, räume ich ohne weiteres ein. Aber umgekehrt liegen die Dinge, wenn es sich um einen gesunden, furchtlosen Menschen handelt.

Der Jungwolf lernt von seinen Eltern, was Jagdbeute ist. Darüber hinaus ist er befähigt, eigene Erfahrungen hinzuzusammeln. Leben nun seine Eltern in einem Gebiet, wo sie häufiger von Menschen und deren Hunden bejagt wurden, dann lernt der Jungwolf nur, daß Mensch gleich Gefahr ist und wird dieses Wissen selber einmal wieder seinen eigenen Nachkommen vermitteln. Natürlich ist es auch möglich, daß Wölfe, die noch keine Erfahrung mit der Gefährlichkeit des Menschen haben, einen solchen zunächst einmal als potentielle Jagdbeute betrachten und mit aller ihnen eigenen Vorsicht an ihn herankommen. Alle Erfahrung hat sie gelehrt: Beute flüchtet. Würde dieser einzelne Mensch nun versuchen, vor ihnen davonzulaufen, könnte freilich bei den Wölfen der Eindruck verstärkt werden, daß es sich bei diesem unbekannten Wesen tatsächlich um Beute handelt. Es dürfte aber heutzutage kaum irgendwo Wölfe geben, die nicht unmittelbar oder mittelbar den Menschen als gefährlichen Feind kennen und entsprechend meiden.“

Fengewisch berichtet hierzu eine köstliche Geschichte: „In Schweden hatte der Pastor Petrus Petri Schissler zusammen mit Bauern eine Wolfsgrube angelegt. Eines Morgens, im Januar 1729, hörte er klägliches Wolfsgeheul, das offensichtlich aus jener Fallgrube kommt. Es haben sich also Wölfe gefangen! Sofort läuft er los, um sich davon zu überzeugen. Tatsächlich sitzen sechs dieser Tiere in der Grube. Mit Hilfe einer Stange, an der er die Schlinge befestigt hat, will er den stärksten Wolf aus der Grube holen. Dabei verliert er das Gleichgewicht und purzelt selber in die Wolfsgrube. Was passiert? Die Wölfe benützen seinen Rücken als Sprungbock und suchen das Weite. Zurück bleibt der Pastor - unverletzt”.

In Italien, in den Abruzzen, gibt es heute noch Wölfe. Sie leiden an Nahrungsmangel und versuchen daher, Schafe zu erbeuten. Was tun die Hirten? Sie schwingen ihre Stöcke und vertreiben die Wölfe. So einfach geht das.

Dazu eine weitere kleine Geschichte: Erik Ziemen fuhr dorthin, um im Auftrag der Regierung die Wölfe zu zählen. Er, der seit so vielen Jahren mit Wölfen zusammenlebt, kann so schön heulen, daß jeder Wolf weich wird und einfach mitheulen muß. Also dachte er, die Zahl der Wölfe an den Antworten auf sein Geheul zu bestimmen. Er hatte bloß nicht mit den Hirtenjungen gerechnet, die das Wolfsgeheul ebenso gut nachahmen können wie er, und die sich einen Spaß daraus machten, ihm so täuschend zu antworten, daß der Forscher ziemlich in Verlegenheit geriet. Diese Geschichte zeigt uns aber klar: In diesen Gebieten gehört der Wolf offensichtlich zum natürlichen Lebensraum, die Kinder wachsen mit dem Wolfsgeheul im Ohr auf - und machen sich ihren Spaß damit. Wer würde sonst schon einen Tierlaut nachahmen, der eine gefährliche Bestie herbeilocken könnte? Dort weiß man eben von Kindheit an, daß der Wolf ein feiges Tier ist. Heinz-Jürgen Fengewisch meint hierzu: «Nahezu alle erfahrenen Wolfsjäger meinen, ihr Jagdwild sei 'feige'. Diese angebliche 'Feigheit' ist bestimmt mehr als Vorsicht zu deuten. Denn warum sollte ein so überaus kluges Tier, das der Wolf ganz ohne Zweifel ist, blindlings ins Unglück rennen? Er wird vielmehr, wenn er die Überlegenheit des Gegners erkannt hat, eine besonders große Vorsicht an den Tag legen, die manch einem als Feigheit erscheinen mag."

Ein wahres Wort! Wie sagte schon vor langen Zeiten Rittmeister von Stephanitz: „Neuerdings ist 'Feigheit' als gemeinsamer Grundzug des Haus- wie Wildhunden eigenen Wesens bezeichnet worden. Eine unhaltbare, weil durchaus vermenschlichende Beurteilung ... Auf eigene Sicherheit, Erhaltung des Lebens bedacht zu sein, ist in jedem Lebewesen innewohnender Trieb, darauf angewandte Vorsicht kann nimmermehr Feigheit genannt werden, um so weniger, wenn andere mächtigere Einflüsse sie zu unterdrücken vermögen: Hunger und Liebe. Wenn also das Tier unnötiger Gefahr aus dem Wege geht, vor dem Stärkeren, namentlich dem Menschen mit seinen weittragenden „feigen" Waffen ausweicht, so kann ihm das nicht als Feigheit ausgelegt werden" (Trumler, S.164ff).

Der Wolf in Mythen und Geschichten

Frühkindliche Vermittlung durch Geschichten über den „bösen Wolf" - sei es durch Spiele, die die meisten Kinder kennen, wie zum Beispiel „Wer hat Angst vor'm bösen Wolf", Horrorfilme über den Werwolf, Mythen und Märchen, deren Inhalte mit dem wirklichen Wolf nur sehr wenig zu tun haben - haben mit dazu beigetragen, intuitiv Ängste zu vermitteln. Von jeher erscheint der Wolf als etwas Bedrohliches.

Der Wolf in der Literatur

Zwei Beispiele aus Roman und Fabel: Wer kennt sie nicht, die Geschichte von Jack London über „Wolfsblut" und „Der Wolf und die Alte".

Jack London, der 1876 in San Francisco geboren wurde und eigentlich John Griffith hieß. Nach seinem Stiefvater nannte er sich Jack G. London. Er wuchs in ärmlichen Verhältnissen auf und schlug sich als Austernpirat, Arbeiter, Landstreicher und Seemann durch. Als in Alaska Gold gefunden wurde, schloß er sich dem Strom der Glücksritter an und wurde Goldsucher. Dort wurde er, dem die freudlose Jugend den Blick für die Umwelt geschärft hatte, zu einem Meister der Naturbeobachtung. Er lebte mit Hunden, Halbwölfen und Wölfen und schrieb faszinierende Geschichten über das Leben dieser Tiere. Ein Hundemischling steht auch im Mittelpunkt der Erzählung, von der in „Wolfsblut“ die Rede ist:

Die Mutter war eine Hündin, der Vater ein alter Grauwolf. Wolfsblut hatte von ihnen zwar viele Fähigkeiten ererbt, seine Erfahrungen aber mußte er selber machen. Und die waren hart und bitter, als er die Geborgenheit der Höhle in der Wildnis verließ. Die Jagd nach Fleisch war anstrengend, das Recht auf Jagd mußte er sich immer neu erkämpfen. Er mußte sich an die Menschen gewöhnen, an die Weißen und die Roten, er mußte lernen, ihre Sitten und Gebräuche zu verstehen, ihre Rohheit, ihre Gemeinheit. Er lebte als Ausgestoßener, bis er einen Freund fand, der für ihn sorgte und dem er treu und unverbrüchlich diente. Als eines Nachts ein vielfacher Mörder ins Haus eindrang, setzte Wolfsblut bedenkenlos sein Leben gegen einen Revolver ein.

„Der Wolf und die Alte“: Der Wolf streifte hungernd umher, um Nahrung zu suchen. Dabei geschah es, daß er in einem Dorf eine alte Frau hörte, die einem weinenden Kind drohte: „Wenn du nicht aufhörst, werde ich dich dem Wolfe zu fressen geben.“ Da der Wolf das für Ernst nahm, wartete er lange Zeit. Erst als es Abend wurde und auf die Worte nichts folgte, trollte er sich und sagte: „In diesem Dorf reden die Leute anders als sie handeln.“

Angst vorm Beißen

Wenn Menschen versagen, beißen die Hunde.

Immer wieder hören wir davon, daß Menschen sich durch Hunde bedroht fühlen. Schon das Bellen eines Hundes aus dem Garten eines Hundehalters löst bei vielen Menschen einen Schrecken aus, weil sie selber Angst haben: Und so entsteht rasch das „Märchen“ vom beißenden Hund.

Statistiken weisen darauf hin, daß Tausende von Menschen jährlich in der Bundesrepublik von Hunden gebissen werden, andere Quellen beziehen diese erschreckend hohe Zahl allein auf Kinder. Nicht jeder Hundebiß wird registriert, weil er nicht bekannt ist. Hier muß man aber eines wissen: Statistiken sind immer nur so genau und wahr, wie sie geführt werden. Bei den bisherigen Statistiken über „Unfälle mit Hunden“ handelt es sich nach glaubhaften Aussagen der Zuständigen nicht nur um Beißunfälle, sondern zum großen Teil um Unfälle, die durch die Anwesenheit von Hunden ausgelöst wurden. Das heißt: Verkehrsunfälle durch plötzliches Bremsen wegen eines Hundes, gestürzte Radfahrer, Hundebesitzer, die durch ihren stürmischen Hund plötzlich umgerissen wurden oder sich unvorsichtig in Hundestreitereien einmischten und einiges mehr. Schon durch diese Fakten wird die Gefahr des Hundebeißens relativiert.

Dazu kommt, daß gerade Menschen mit Angst vor Hunden den Begriff „Beißen“ völlig falsch interpretieren, die Medien genüßlich von „Anfallen durch einen Hund“ berichten, um ihre Auflagenstärke oder Einschaltquote zu erhöhen. Die Gründe für den Unfall sucht man allerdings vergebens.

Hier gilt es, einmal plakativ die Dinge zurechtzurücken. Wenn wir Menschen uns mit Worten streiten, jemanden beschimpfen oder ablehnen - bleibt dem Hund das Knurren und Bellen. Prügeln sich Menschen - was leider täglich in allen Gesellschaftsschichten vorkommt - verletzen sie einander oft ernstlich. Gibt es Streit bei Hunden, geht es normalerweise ohne Verletzungen ab. Höchst selten wird echt gebissen! Hunde warnen durch Schnappen in der Luft vor dem andern oder kneifen, ohne Wunden zu verursachen. Das einzige Wesen, das verletzt, um zu verletzen, ist der Mensch.

Werden Hunde von Menschen gequält und gereizt, können sie sich nur mit ihren Zähnen wehren. Übrigens, ein befreundeter Arzt, Professor für Infektionskrankheiten hat mir kürzlich folgende interessante Geschichte erzählt: Eine beliebte Frage bei medizinischen Staatsexamen : Von wem möchten Sie lieber gebissen werden, von einem Hund oder einem Menschen? Die richtige Antwort muß lauten: Von einem Hund. Begründung: Er hat viel weniger Bakterien im Mund und an den Zähnen als der Mensch. Unglaublich, aber wahr!

Aber klar ist auch, daß es sich bei sogenannten „Hundebissen“ in den meisten Fällen um leichte Verletzungen handelt, die laut genauer Definition nicht als Bißwunde bezeichnet werden. Und nicht jeder Hund, der einmal jemanden ernsthaft gebissen hat, ist auch ein wirklich bissiger Hund.

Wenn ein Hund tatsächlich zubeißt, gibt es blutende Wunden. Ein Hund hat sehr genaue Vorstellungen von der Kraft seiner Kiefer. Mancher Hundebiß wurde durch ein Mißverständnis ausgelöst, mancher auch, weil der Hund sich gegen eine Mißhandlung - nicht selten absichtlich durch Kinder verursacht - zur Wehr setzte. Es gibt aber auch die weitaus häufiger vorkommenden Fälle, in denen Kinder, Eltern und Erzieher wichtige Regeln im Umgang mit Hunden nicht kennen.

Vor der Ferienzeit werden zahllose Hunde an der Autobahn ausgesetzt und verenden dort, oder es werden im Park vergiftete Hunde aufgefunden oder gar im Schließfach eines U-Bahnhofs, wie die halbblinde Setterhündin. Die Zahl der gequälten Hunde geht vermutlich in die Tausende. Genaue Statistiken darüber gibt es bezeichnenderweise nicht... Wenn man bedenkt, wie viele - wahrscheinlich viel zu wenige! - Tierquälereien bekannt werden, dann muß man sich wundern, daß die Zahl der bekannt gewordenen Bißverletzungen nicht wenigstens zehnmal so hoch ist.

„Vorsicht, bissiger Hund!" Oder auch: „Fassen Sie meinen Hund nicht an, der beißt!" Nicht selten liest man an Eingangstüren zu einem Grundstück eine ähnliche Aufschrift oder wird von einem Hundehalter gewarnt. Hausbesitzer lassen Hunde auf Menschen dressieren und Hunderiesen durch Vorgärten streifen.

Sicherheitskräfte - eine Art Privatpolizei, die von den Verkehrsbetrieben angestellt werden - vertreiben häufig in Begleitung sogenannter „scharfer Hunde" Obdachlose und Stadtstreicher aus den Bahnanlagen. Oft handelt es sich bei den Hunden um Rottweiler oder Schäferhunde. In der Bevölkerung entsteht so verständlicherweise ein Bild von bissigen, scharfen und aggressiven Hunden, so daß folglich die Forderung nach Leinenzwang und Maulkorb immer lauter wird. Auch mehren sich Stimmen, die hundefreie Stadtteile und hundefreie Strände fordern (Bei dieser Forderung geht es nicht nur um die Frage des Hundekots).

Städte ohne Hunde? Gehören Hunde nicht zu unserer natürlichen Umwelt und Lebensqualität dazu? Ein Hund sollte ein Hund bleiben und nicht dermaßen vermenschlicht werden, daß es zu Unfällen kommt, weil das Tier nicht artgerecht gehalten wurde. In vielen Fernsehfilmen wird man mit Hunden konfrontiert, die vernünftiger als Menschen agieren.

Als „Seelenkrüppel" hat Eberhard Trumler einmal Hunde bezeichnet, die „wie 50-jährige Männer lebten, die im Laufgitter mit Bauklötzen spielen müßten." Er erschreckte mit seinen Erkenntnissen so manchen romantischen Tierfreund: „90 Prozent aller Stadthunde sind neurotisch."

Böswillig, so Trumler, würden fast nur überängstliche Hunde beißen, die aus mangelnder Prägung oder aufgrund brutaler Dressurmethoden alle Menschen fürchteten. „Sie zeigen kein warnendes Drohverhalten, sondern beißen völlig überraschend zu und bringen sich danach in Sicherheit."

Trumler unterstreicht auch, daß es irrig sei zu glauben, Hunde wären grundsätzlich bissig. „Angeborene psychische Schäden unterschiedlicher Art gibt es bei Hunden in recht geringem Umfang." Sogenannte „scharfe" Hundewelpen verkauften nur „Pseudozüchter." Jeder Hund hat das Bestreben, mit dem Kiefer etwas festzuhalten, und es muß unterschieden werden zwischen dem reflexartigen „Abwehrschnappen", dem spielerischen „Zwicken" oder „leichtem Kneifen". Jeder gesunde Hund läuft gern hinter etwas her - auch hinter Radfahrern und Joggern. Er läßt aber davon ab, wenn ihm die Stimme seines Menschen mehr bedeutet als dieses Vergnügen und der „Verfolgte" ruhig stehen bleibt. Im gleichen Augenblick wird er für den „Beutegreifer" Hund uninteressant.

Kein normaler Hund wird einem Kind absichtlich weh tun, wenn es ihn nicht von seinem angestammten Platz im Familienkreis verdrängt. Kleine Kinder können allerdings einen Welpen negativ prägen, deshalb sollten sie nie alleine mit ihm spielen. Immer gilt der Grundsatz in Zweifelsfällen: Das Leben eines Kindes wiegt mehr als das eines Hundes.

Zerbeißt ein erwachsener Hund Möbel, ist das für Trumler ein Protest, der zeigt, „daß wir unseren bisherigen Lebenstil in einer für ihn unfaßbaren Form verändert haben." Zu diesen Problemen gibt Roger Mugford in seinem Buch „Hunde auf der Couch" alle Hilfen.

Ein Hund behält dann seine bisherige Umgänglichkeit, wenn in seiner Erziehung keine gravierenden Fehler gemacht worden sind. Trumler gibt dem engagierten Laien zwei Beurteilungstips: „Ein richtig erzogener Hund sollte fremde Personen gleichgültig, aber nicht gerade unfreundlich akzeptieren." Und: „Ein kluger Hund unterscheidet sich von einem dummen und zum blinden Gehorsam herabgewürdigten Hund dadurch, daß er den Sinn oder Unsinn unserer Befehle prüft."

Unwissenheit und Vermarktung von Hunden, dazu die pervertierte Liebe zu Hunden, führen zu einem schwierigen Hund, weil Hunde Produkte einer sehr schwierigen Menschheit geworden sind. Das ist das Fazit des Wissenschaftlers Eberhard Trumler.

Aus meinen eigenen Begegnungen mit Hundehaltern kann ich nur bestätigen, daß in der Haltung und im Umgang mit Hunden Fehler gemacht werden, die kaum gutzumachen sind. Und in vielen Fällen basieren sie auf Unkenntnis und mangelndem Einfühlungsvermögen in die Psyche des Hundes.

Was können die Gründe für aggressives Verhalten bei Hunden sein?

Die folgenden Erlebnisse und Erfahrungen, die mir Hundebesitzer schilderten, helfen zu erkennen, wann und warum ein Hund aggressiv werden kann. Sie zeigen auch, daß die Schuld immer in irgendeiner Weise beim Menschen zu finden ist.

„Vor der Geburt meines ersten Kindes beschäftigte ich mich zwei Jahre intensiv mit meinem Hund. Als dann mein Kind geboren wurde, dachte ich zunächst daran, den Hund zu verkaufen. Auf unserem Grundstück befestigten wir ein Schild mit der Aufschrift 'Vorsicht, bissiger Hund!'

Als mein Kind im Sandkasten spielte, beugte sich ein Mann über den Zaun. Ich bekam noch ein paar Wortfetzen mit '..na, du kleine Süße...', aber eh ich reagieren kann, kommt unser Hund bereits aus der Wohnung geschossen und beißt den Fremden in die Schulter. Wir haben den Hund dem Tierarzt vorgestellt und den Fall geschildert. Der Fremde bestand darauf, den Hund einzuschläfern. Es kam zu einem Rechtsstreit. Unser Hund hatte völlig korrekt gehandelt. Er hat den Fremden als Eindringling betrachtet, der in sein geschlossenes Gehege eindringt." Territoriale Aggression entspringt einer natürlichen Verteidigung des eigenen Territoriums. Bis zu einem gewissen Grad ist dieser Verteidigungstrieb sogar verständlich.

Viele Fehler werden von Hundehaltern gemacht, wenn sie einerseits die territoriale Aggression fördern, andererseits dies verbieten oder bestrafen, wenn sie ihnen zu gefährlich wird. Der Hund muß auch hier die Grenzen akzeptieren und schon frühzeitig den Umgang mit Fremden lernen. Überaus aggressiven Reaktionen muß der Hundehalter energisch entgegentreten.

„Mein Cocker hat einmal zugeschnappt. Der Hund lag in seinem Korb. Während eines Kindergeburtstages hörten wir plötzlich den Schrei eines Kindes. Auf seiner Hand ein sichtbarer Abdruck der Zähne unseres Hundes. Ich habe unseren Hund bestraft. Zu spät sah ich eine lange Nadel auf dem Rücken des Hundes, eine Haarnadel. Mir hat unser Hund ganz schrecklich leid getan, daß ich ihn so energisch diszipliniert habe. Er muß Schmerzen gehabt haben, die das Kind ihm zugefügt hat."

Aggression aus Schmerz - davon können Tierärzte berichten, wenn sie dem Hund eine Spritze geben müssen und der Hund nach ihnen schnappt. Viele Hunde lassen es sich nicht einmal gefallen, daß sie auf den Behandlungstisch gehoben werden, weil sie wissen, was auf sie zukommt. Bei unserem Hund wurden von unserer Tierärztin sämtliche Untersuchungen auf dem Boden durchgeführt, das ging völlig problemlos. Hunde großer Rassen haben häufig mit Hüftgelenkserkrankungen zu tun, die teilweise sehr schmerzhaft sein können. Gerade beim Aufstehen oder wenn Kinder sich auf ihren Rücken legen oder auf ihr Hinterteil setzen kann es zum aggressiven Verhalten kommen oder auch zum Beißen.

„Ich habe unsere Tochter immer gewarnt und gesagt, daß sie den Hund unseres Nachbarn in Ruhe lassen sollte. Dann geschah der Unfall: Mit einer Kinderschar haben sie den Hund umkreist, die Wasserpistole genommen und so lange auf den Hund gezielt, bis er bei einem Kind zupackte. Unser Nachbar selber hat darum gebeten, in der Nähe des Hundes nicht immer so zu schreien und zu toben, den Hund nicht zu jagen oder sich auf irgendwelche Mutproben einzulassen. Jetzt ist der Unfall geschehen, die Wunde an der Hand konnte nicht genäht werden, Hundebisse werden wegen Infektionsgefahr nicht genäht. Nun sitzt die Angst bei einigen Kindern tief und sie vermeiden jegliche Begegnung mit unserem Nachbarhund. Dabei ist das ein ganz lieber...“ Die Aggression des Hundes ist auch hier zu verstehen. Auf das Necken und Reizen der Kinder reagierte er schließlich und verteidigte sich auf seine Weise.

„Bei einer Silvesterknallerei lief unser Hund fort. Als er eingefangen wurde, muß er den `Hundefänger ´gebissen haben. Ich habe unseren Hund später im Tierheim abgeholt. Ich wollte mich bei Herrn M. bedanken, mich bei ihm erkundigen und wurde schrecklich beschimpft. „Ihr Hund ist ein ordentlicher Beißer. Sie sollten ihn einschläfern lassen, damit so etwas nicht noch einmal passiert," meinte er wütend. Aus der Rechnung, die ich von seinem Arzt erhielt, konnte ich entnehmen, daß es sich um eine oberflächliche Kratzverletzung handelte - von einem Hundebiß konnte keine Rede sein.“

Aggression aus Angst ist am weitesten verbreitet und wird bei Rüden und Hündinnen oftmals durch Streß oder auch Lärm ausgelöst. Gern würde das Tier, wenn es könnte, solchen Situationen entfliehen. Auch beim Anfassen Außenstehender kann es zu solchen Reaktionen kommen. Hier müßte der Hund konditioniert werden, daß heißt, er muß langsam lernen, Fremde zu akzeptieren.

„Unser Hund roch schon von weitem, ob ein fremder Rüde sein Territorium markiert hatte. Und wehe, er erwischte einen Rüden, ganz gleich, ob der groß oder klein war. In den meisten Fällen kam es zu einem Kampf. Solchen Konfrontationen bin ich meistens aus dem Weg gegangen, meine Augen mußte ich immer und überall haben, was teilweise sehr anstrengend war. Selbst im Urlaub haben wir es vermieden, auf öffentlichen Plätzen mit unserem Wohnmobil zu stehen, aus Sorge, es könne mit einem fremden Rüden wieder zu einem Kampf kommen. Eine Reihe von Unfällen hatten wir schon, und unser Hund wurde von weitem begrüßt: `Da kommt ja der Bluthund.´ Zum Glück war er ein ganz liebevoller und zärtlicher Hund im Umgang mit Kindern, die er besonders liebte, mit Erwachsenen und Hündinnen. Zu Hündinnen war er natürlich ganz besonders charmant.“

Aggression zwischen Rüden ist nicht außergewöhnlich, wobei es sich in vielen Fällen um einen Rangordnungsstreit handelt. Es ist ein naturgemäßes Verhalten. Bei gleichstarken Rüden kann es allerdings zu harten Kämpfen kommen.

„Wir haben unseren Hund abrichten lassen für Angriff und Verteidigung. Wir selber haben keine Zeit, unseren Hund auszubilden. Inzwischen wird er aggressiv, wenn wir mit ihm spazierengehen."

Angelernte Aggression durch falsche Ausbildung. Wer seinen Hund ohne eigenen Zeitaufwand abrichten läßt, kann damit rechnen und darf sich nicht wundern, wenn der Hund plötzlich aggressive Verhaltensweisen an den Tag legt, die er vorher nicht hatte.

Genetisch bedingte Aggression

Genetisch bedingte Aggression - den Einblick haben weniger Ausbilder als berufsmäßige Züchter - wirkt häufig ähnlich wie Aggression aus Angst. Ein verantwortungsvoller Züchter wird sich die Zeit nehmen, den Abstammungslinien des Hundes nachzugehen, um zu erkennen, ob aus den Abstammungslinien auch solche mit unerwünschten Varianten hervorgehen, wie ein Hang zu aggressivem Verhalten. Es kann zum Beispiel vorkommen, daß eine Hündin, die geworfen hat, mit übertriebener Heftigkeit ihre Welpen gegen alle verteidigt, die sich ihr nähern. Das kann sich auf Tochtertiere vererben, und man sollte mit einem solchen Tier nicht züchten.

Deshalb ist es wichtig, die Elterntiere kennenzulernen. Nach Möglichkeit nicht hinter Gittern, sondern in normaler häuslicher Umgebung. Verweigert ein Züchter, das Tier aus dem Zwinger zu nehmen oder sind die Elterntiere aggressiv, so sollte man keinen Welpen von diesem Züchter kaufen. Aggressionsverhalten der Mutterhündin kann auch durch schlechte Haltungsverhältnisse entstehen. Auch hier sollte man ohne Kauf den Züchter verlassen.

Die Angst vor „Kampfhunden"

In meinen Gesprächen bin ich immer wieder auf das Thema „Kampfhunde" gestoßen und habe die Angst vieler Menschen vor diesen „Bestien" herausgehört. Um es gleich vorweg zu sagen: Natürlich kann von einem noch so braven Hund eine Gefahr für Menschen ausgehen. Denn Hunde haben kein logisches Denkvermögen wie wir Menschen, sondern handeln nach ihren Trieben und Instinkten. Und sie reagieren aufgrund der von ihnen gemachten Erfahrungen. Derartige Erfahrungen können für Hunde so schlimm gewesen sein, daß sie in bestimmten Situationen sogar Menschen anfallen.

Und noch eine Anmerkung in diesem Zusammenhang: Das Recht eines Menschen auf körperliche Unversehrtheit ist ein Grundrecht. Es darf auf keinen Fall durch verhaltensgestörte Hunde gefährdet werden.

Ab und zu ist in den Medien von „Kampfhunden" zu hören oder zu lesen, die aufgrund ihrer ungeheuren Beißkraft eine große Gefahr für den Menschen darstellen. In der Regel handelt es sich dabei nicht um objektive Berichterstattung, sondern um reißerische Aufmacher, in deren Folge schließlich ein Verbot der „Kampfhunde" und ähnlicher Rassen gefordert wird. Manchmal sind unter den Verbots-Verfechtern auch „Fachleute“, die diese unsinnige Forderung unterstützen. Mit einem derartigen Verbot kann die Gefahr nicht aus der Welt geschafft werden, die von einzelnen auffällig gewordenen Hunden tatsächlich ausgeht. Geht man nämlich der „Kampfhund-Hysterie“ auf den Grund, dann stellt man immer wieder fest, daß nicht der Hund schuldig ist, sondern daß sein Halter auf irgendeine Art versagt hat.

Übrigens - es gibt nicht eine einzige wissenschaftliche Studie, welche die ungeheure Beißkraft der „Kampfhunde“ belegt. Ja mehr noch, den Begriff „Kampfhunde“ gibt es so im kynologischen Sprachgebrauch gar nicht. Gemeint sind landläufig die Molosserrassen und in späterer Zeit - vor allem in England - kleinere Rassen, die speziell für Tierkämpfe gezüchtet wurden. Diese „Kampfhunde“, die im Kynos Atlas einzeln dargestellt zu finden sind, gelten - bei richtiger Erziehung - als besonders gutartig und menschenfreundlich.

Da sind wir am Punkt angelangt: Es sind immer die Menschen, welche die Anlagen solcher Hunde mißbrauchen. Durch ihre besonderen Züchtungen wollen sie Hunde erzielen, die extrem aggressiv und von großer Härte sind und denen das natürliche Sozialverhalten fehlt. Außerdem machen sie durch brutale Ausbildungsmethoden aus den ursprünglich gutartigen Tieren gefährliche Bestien, die eben in den Händen solcher unverantwortlicher Menschen tatsächlich die Umwelt gefährden.

Dies gilt nicht nur für die Ausbildung der Tiere zum Hundekampf, sondern mehr noch, wenn sie gegen Menschen dressiert werden.

Ein Verbot der „Kampfhundrassen“ hätte logischerweise lediglich zur Folge, daß diese skrupellosen „Züchter“ sich anderen, noch nicht verbotenen Rassen zuwenden und sie auf ähnliche Weise mißbrauchen.

Schon heute reichen die bestehenden Gesetze aus, um andere Menschen und Tiere vor - ich sage jetzt ausdrücklich - „mißbrauchten Hunden“ - zu schützen. In Gutachten können die Ordnungsbehörden feststellen, welche Gefährdung im Einzelfall von Hund und Halter ausgehen. Nur - die Behörden sollten in solchen Fällen auch tatsächlich eingreifen. Das aber wird leider noch oft genug versäumt, und immer wieder reagiert die Justiz zu lasch.

Schlimm ist - und das will ich in aller Deutlichkeit sagen - die pauschale Verurteilung aller Halter von „Kampfhunden“, aufgrund einiger weniger „schwarzer Schafe“. Schlimm ist auch, daß in dem Geschrei über die „gefährlichen Bestien“ ein paar simple Fakten einfach übersehen werden:

So hat der Deutsche Städtetag in einer Erhebung aus dem Jahr 1991 festgestellt, daß es im Schnitt pro Stadt und Jahr zu 7,2 Fällen von Körperverletzungen durch Hunde kommt. 5% davon werden als schwere Verletzungen bezeichnet. In etwa 95% war das Fehlverhalten des Halters Ursache für die Körperverletzung durch den Hund.

Aufschlußreich ist auch, daß in dieser Untersuchung die „Kampfhunde“ auf den hinteren Rängen zu finden sind: Der Staffordshire Terrier belegt Platz 26

- nach Pudel und Dackel. Das sollte die in der „Kampfhund-Diskussion“ erhitzten Gemüter vielleicht doch ein wenig abkühlen...

Im übrigen kann man ohne große Schwierigkeiten aus einem gutartigen Hund einen aggressiven Beißer machen. Man muß ihn nur lange genug in einem Zwinger einsperren und ihn von menschlichen Kontakten fernhalten.

Natürliches Aggressionsverhalten beim Hund

Das Schicksal des Eindringlings - so Trumler - entscheidet sich innerhalb von zehn Schritten. Was tut ein Wolfsrüde, dessen Welpen gerade gesäugt werden, wenn ein fremder Mensch das Gehege betritt?

Sobald sich die Tür zum Gehege öffnet, stellt sich der Rüde vor die Familie und beobachtet den Fremden aus den Augenwinkeln. Macht der seinen ersten Schritt auf ihn zu, blickt ihm der Wolf erhobenen Hauptes voll ins Gesicht. Beim nächsten Schritt bekommt der Rüde starre Augen, die Rute geht höher, seine Beine strecken sich.

Auch der dritte Schritt verändert den Wolf: Seine Maulwinkel ziehen sich zurück, am Nasenrücken entstehen Falten, der Kopf rückt höher, wobei die durchgestreckten Beine den Rumpf so hoch wie möglich halten.

Vierter Schritt: Der Wolf wird böse. Er verstärkt seine Falten am Nasenrücken, hinter den Schneidezähnen drohen nun die Fangzähne.

Noch ein Schritt, und der Rüde trägt über dem völlig entblößten Gebiß ungemein drohende Stirnfalten.

Mit dem sechsten Schritt wird eine weitere Aggressionsblockade im Wolfshirn abgeschaltet. Er beginnt dumpf zu knurren. Ein weiterer Schritt: Der Kiefer öffnet sich, der Wolf spannt sich zum Sprung.

Nach dem achten Schritt liegt der Fremde am Boden, umgerissen von der Wucht eines kraftvoll vorgeschnellten 120-Pfund-Körpers, niedergedrückt von den auf seinen Schultern aufgestützen Vorderpranken. Der weit geöffnete Rachen des Wolfes droht mit 42 Zähnen in unheilvoller Nähe.

Aber noch gibt es eine Chance. Falls der Eindringling regungslos liegenbleibt, schließt sich der Rachen nicht um seinen Hals. Im Gegenteil: Wenn der Fremde beruhigend auf das Tier einspricht - ohne es anzuschauen - kann er davonkommen. Die Hemmzentren des Wolfes haben zwar die Aggression bis hierher freigegeben. Aber da nichts weiter passiert, ermüden die Zellen des Aggressionsbereiches, sie laufen wie verbrauchte Batterien aus. Mit etwas Glück kann der bereits Überwältigte aus dem Gehege kriechen. Andernfalls wird nach dem achten Schritt ein um sich schlagender Eindringling spüren, daß der Wolf ihm als allerletzte Warnung die Zähne in die Halshaut drückt.

Der durch neue Abwehrbewegungen ausgelöste zehnte Schritt ist dann leider nur noch eine Formsache: Was folgt, tut wahrscheinlich gar nicht besonders weh, da die Nervenleitungen und Blutbahnen schlagartig unterbrochen werden (Nach Trumler, Der schwierige Hund).

Angst vor Krankheiten durch den Hund

„Mein Kind war zehn Jahre alt, als es die Schule wechselte. Die Busfahrt, der Wechsel der neuen Lehrer, neue Umgebung, neue Freunde..., das alles führte dazu, daß der Junge hyperventilierte und krampfte. Unser Hund hatte von Anfang an eine gute Beziehung zu unserem Jungen. Irgendwann einmal hatte er wieder starkes Fieber, dazu eine panische Angst vor der Schule. Drei Tage lang lag unser Hund mit unserem Jungen im Bett, Rücken an Rücken. Als wir ins Zimmer kamen, fletschte der Hund die Zähne. Als der Junge wieder aufstand, war er gesund. Wir behaupten, daß unser Hund ihm geholfen hat."

Bei der Arbeit an diesem Buch bin ich vielen Frauen begegnet, die mir „ihre" Geschichte geschenkt haben. Manchmal schienen sie mir beinahe unglaublich. Aus den meisten Geschichten spürte ich eine starke Beziehung und eine große Liebe zwischen Kind und Hund heraus. Die Bedenken vieler Eltern, daß ihr hochallergisches Kind zusätzliche Anfälle bekommen würde, haben sich mir nur in wenigen Fällen bestätigt. Das seelische Gleichgewicht des Kindes spielte offenbar eine viel entscheidendere Rolle, der körperliche Kontakt zum Hund, die Erfolgserlebnisse des Kindes durch den Hund, das neue Selbstwertgefühl durch das Tier - das alles waren Fakten, die nicht von der Hand zu weisen waren. Ein junge Mutter erzählte mir einmal: „Beim Wickeln liegt der Hund immer daneben, am liebsten würde er sich mit auf die Windel legen. Er bewacht unser Kind und läßt es nicht aus den Augen."

Bereits vor zehn Jahren war einem Zeitungsartikel, inzwischen stark vergilbt und kaum lesbar, folgende „Provokation" zu entnehmen:

„Hunde dürfen doch ins Bett - Angst vor Infektionen übertrieben."

Hundebesitzer können ihre Hunde ohne Angst vor Infektionen auch mit ins Bett nehmen. Wenn der Hund ausreichend gepflegt und regelmäßig geimpft wird, besteht keine Ansteckungsgefahr. Diese These wurde anläßlich der 9. Düsseldorfer Hygienetagung veröffentlicht. Sie geht aus einer Untersuchung des Instituts für Infektionsmedizin der Universität München hervor.

In dieser Studie wurden die hygienischen Auswirkungen von Hundehaltung in städtischen Wohnungen untersucht. Derzeit (1986) gibt es rund drei Millionen Hunde in bundesdeutschen Haushalten.

In der Untersuchung erwies sich die verbreitete Angst vor einer Übertragung von Parasiten und Mikroben vom Hund auf den Menschen als weit übertrieben. 'Wenn die hygienischen Grundanforderungen erfüllt und die erforderlichen Impfungen durchgeführt sind, existiert eine Übertragungsgefahr von Hundekrankheiten auf den Menschen praktisch nicht', beschrieb Reinhold Bergler, Mitverfasser der Studie, das Ergebnis. Die Gefahr einer Infektion steige jedoch rapide, wenn eine gründliche Reinigung der Räume und der vom Hund benutzten Näpfe nicht regelmäßig erfolge.

Generell gelte, daß sich Hund oder Katze eher vom Menschen infizieren als umgekehrt, sagte der Leiter der Studie, Anton Mayr. So sei entgegen der landläufigen Meinung bisher ein einziger Fall bekannt, wo sich ein Mensch nachweislich über den Kontakt mit einem Hund mit Salmonellen infiziert habe. Hunde bekämen ihre Salmonellen jedoch im allgemeinen über Küchenabfälle, die sie vom Menschen erhielten. Auch eine Grippe können sich Hunde, laut Mayr, beim Menschen holen. Denn einige Erkältungskrankheiten sind bei Mensch und Hund identisch.

Fazit: Ein gepflegter Hund stellt also keine Gefahr für die Gesundheit der Menschen dar.

Trotzdem ist es sinnvoll, einige Spielregeln einzuhalten. Dazu gehören:

- Die Hände vor dem Essen zu waschen (nicht nach jedem Streicheln).
- Kind und Hund müssen nicht von einem Teller essen, auch bei noch so großer Tierliebe.
- Der Hund muß den Menschen nicht ablecken und gerade auch Kindern sollte der Hund nicht unbedingt durch´s Gesicht lecken.
- Der Hund sollte vom Tierarzt untersucht werden, bevor ein Säugling ins Haus kommt.
- Im übrigen ist Panik nicht angesagt. Die Dinge, die Kinder und Erwachsene täglich anfassen, tragen weit mehr schädliche Bakterien als ein Hund.

Was den „Hundedreck“ angeht, über den sich die meisten Erwachsenen, die so manches Mal ins „Glück“ getreten sind - zurecht! - ereifern: Hier kann man nur immer wieder an das Verantwortungsbewußtsein von Hundehaltern appellieren, daß sie das Häufchen oder den Haufen ihres Vierbeiners sofort beseitigen. Eine Plastiktüte kann jeder Hundehalter zu jeder Zeit bei sich tragen. Ansonsten ist eben zurecht ein Bußgeld fällig.

Leider gibt es insgesamt noch zu wenig Entsorgungskonzepte, zu wenig Abfallbehälter, zu wenig Auslaufflächen speziell für Hunde in den Städten, damit Kinder und Hunde friedlich zusammen im Park - ohne Sorge und Ekel - miteinander spielen können.

Umgang mit der Angst vor Hunden

Ideen für ein Anti-Angst-Training

„Tu den Köter weg!“ schrie meine Freundin in höchstem Entsetzen. Wir hatten unseren Hirtenhundwelpen Dany gerade ein paar Wochen im Haus, als sie uns zum ersten Mal mit ihrem kleinen Jungen besuchte. Dany bellte als die Türglocke läutete. Neugierig und fröhlich beschnupperte er die beiden Neuankömmlinge schon an der Tür. Starr wie eine Salzsäule blieb meine Freundin im Türrahmen stehen und wagte nicht, sich zu rühren. Sie zog ihren vierjährigen Daniel zu sich heran, aus Angst, auch er könne von unserer „Bestie zerfleischt“ werden - wie sie mir später sagte.

Ich hielt Dany am Halsband fest und sperrte ihn erst einmal in die Küche, wo er jämmerlich weinte. Jetzt erst wagten meine Freundin und ihr Kind - zögernd und mit angstgeweiteten Augen - ein paar Schritte in unser Wohnzimmer. Sie setzte sich auf die Kante des Ledersofas, wie zum Absprung bereit. Immer wieder starrte sie ängstlich zur Küchentür hinüber, hinter der das Jaulen von Dany allmählich schwächer wurde. „Ich wußte nicht, daß Du solche Angst vor Hunden hast“, sagte ich zu ihr und streichelte ihr beruhigend über den Arm. „Als Kind bin ich einmal gebissen worden“, gab sie zur Antwort. „Seitdem habe ich panische Angst vor kleinen und großen Hunden.“

Im nachfolgenden Gespräch hatten wir nur das eine Thema: Angst vor Hunden. Wir holten uns Rat bei Sigmund Freud, dem Begründer der Psychoanalyse, der den Begriff der Angst auch beschrieben hat. Nach Freud gibt es drei Formen der Angst:

Die Real- oder Objektangst

Sie wird häufig auch als Furcht bezeichnet. Ein Mensch hat Angst vor einer tatsächlichen Gefahr und versucht sich so zu verhalten, daß er die Gefahrensituation vermeidet oder wenigstens die Gefahr verringert. Diese Angst ist überlebensnotwendig. Man könnte sie als eine Art Ampel bezeichnen, deren Signal auf Rot steht. Stop - Weitergehen oder - fahren ist gefährlich!

Die neurotische Angst

Sie wird von innen heraus durch das sogenannte „Ich“ hervorgerufen. Der Mensch mit einer solchen Angst will auf diese Weise schon im vorhinein auf die leiseste Drohung einer Gefahr vorbereitet sein.

Die Moral- oder Schuldangst

Freud führt diese Angst auf übermächtige Anforderungen des sogenannten „Über-Ichs” zurück. Ein Mensch, der Angst hat, daß er durch Liebesverlust bestraft wird, kann Moral- oder Schuldangst entwickeln.

Die drei genannten Arten der Angst wirken häufig gemeinsam auf den Menschen und verstärken so den inneren Angstzustand bis hin zu Depressionen und Verfolgungsangst.

Bei genauerem Nachdenken kamen wir darauf, daß die Angst meiner Freundin keine pure Real- oder Objektangst sein konnte. Diese Angst vor einem Hund ist zweifellos als notwendig und sinnvoll zu bewerten (Das zeigen ja auch die Regeln für den richtigen Umgang mit dem Hund! Meine Freundin war als Kind „gebissen" worden. Sie konnte sich auch genau daran erinnern, daß der Biß zwar wehgetan hatte, aber daß ein Besuch beim Arzt nicht nötig gewesen war, denn es habe keine offene Wunde gegeben.

Ihre Art der panischen Angst mußte aber auch etwas mit dem fürchterlichen Schreien ihrer eigenen Mutter zu tun haben, als sie den Hund hinter ihrer kleinen Tochter herjagen sah.

Wie dem auch sei, wir konnten jetzt zwar die verschiedenen Ängste unterscheiden, aber es half uns in dieser Situation nicht unmittelbar weiter. Unentwegt ging mir durch den Kopf, wie ich Mutter und Sohn dazu bringen könnte, ihre Angst abzubauen. Schließlich war unser Dany doch ein niedlicher Hund, der tolpatschig durchs Haus lief und jedem Menschen freundlich begegnete. Und gerade ihn betrachtete meine Freundin als „Bestie", nannte ihn „das Vieh" oder „den Köter". Das kränkte mich auch. Und außerdem würde unser Kontakt und die Besuche durch Danys Anwesenheit belastet. Vielleicht kämen sie eines Tages gar nicht mehr...

So wuchs von diesem Tag an mein Wunsch, meiner Freundin und ihrem Sohn dabei zu helfen, diese Angst vor Hunden unter Kontrolle zu bringen - und zwar aus dem ganz egoistischen Grund, daß sie mich auch in Zukunft besuchen würden und dabei unseren Hund „ertragen" könnten.

Aber wie konnte ich dieses Ziel erreichen?

Ich erinnerte mich, wie ich unserer Tochter die Angst vor Spinnen nehmen konnte. Ganz praktisch dadurch, daß ich eine Spinne fing, sie auf meiner Hand herumkrabbeln ließ und dabei lachte. Unsere Tochter beobachtete das und begann sich neugierig dieser Spinne immer mehr anzunähern. Wenn ihr anfänglich die Spinne zu dicht herankam, zog sie rasch die Hand weg. Doch mehr und mehr wagte sie, sich der kleinen Spinne mit dem Zeigefinger zu nähern. Am Ende dieses kleinen „Anti-Angst-Programms" hatte sie keine Mühe mehr, die Spinne auch auf ihrer Hand krabbeln zu lassen.

War diese unbewußt eingesetzte Stufenfolge des Angstabbaus auch auf die Angst meiner Freundin und ihres Sohnes vor Hunden zu übertragen?

Aus der Verhaltenstherapie wußte ich, daß man lernen kann, spezifische Ängste unter Kontrolle zu bringen. Auch Menschen, die in vieler Hinsicht selbstbewußt sind, die keine Schwierigkeiten haben, mit Menschen umzugehen, sich und ihre Meinung durchzusetzen, erfolgreich öffentlich tätig zu sein, können an einem - scheinbar - unwichtigen Punkt plötzlich Schweißausbrüche bekommen, wenn sie beispielsweise per Telefon einen Termin ausmachen sollen.

Diese ganz besonderen Ängste nennt der Verhaltenstherapeut „Phobien". Damit sind allerdings nicht nur Ängste gemeint, sondern jede unangemessene gefühlsmäßige Reaktion - wie ungewöhnliche innere Spannungen, Gereiztheit, Wut oder Depression - die von einer ganz bestimmten Situation ausgelöst wird. Und dazu gehörte offensichtlich auch das panische Verhalten meiner Freundin.

Nun war ich ja kein Verhaltenstherapeut, der bei meiner Freundin und ihrem Sohn Daniel die Technik der „systematischen Desensibilisierung“ anwenden konnte. Sie hatte - wie auch immer - ihre gestörte Art, auf Hunde zu reagieren, erlernt, und konnte sie nach der Vorstellung der Verhaltenstherapie auch wieder „verlernen“.

Die Verhaltenstherapie ist davon überzeugt, daß man die bedingte Angstreaktion durch eine nichtphobische Reaktion zu ersetzen lernt, wenn man den angstauslösenden Reiz mehrere Male ohne Beunruhigung auf sich wirken lassen kann. So wird die Angst voraussichtlich verschwinden.

Die Ängste, welche die Angstreaktionen bewirken, werden dabei nicht mit einem Schlag abgebaut, sondern Schritt für Schritt. Vollkommen verkehrt wäre es demnach, ein ängstliches Kind in ein Schwimmbad zu werfen, um ihm die Angst vor dem Wasser zu nehmen und ihm das Schwimmen beizubringen. Ebenso unsinnig wäre es, die ängstliche Mutter mit ihrem Kind unvorbereitet in einen Zwinger mit vier Hunden einzusperren und darauf zu vertrauen, daß sie anschließend von ihren Ängsten befreit sind. Wahrscheinlich sind beide dann eher Dauergäste in der Psychiatrie..

Schritt für Schritt scheint mir eher angemessen, wenn es darum geht, eine Hundephobie abzubauen.

So wie ich als Mutter - ohne genaue Kenntnis der Verhaltenstherapie - meiner kleinen Tochter die Spinnenphobie nehmen konnte, ist es auch möglich, eine Art Stufenfolge des Angstabbaus zu entwickeln. Das ist nicht pauschal und für jeden Menschen in exakt der gleichen Weise möglich, sondern muß individuell auf den Einzelnen „zugeschnitten“ werden.

Wichtig ist dabei zu wissen, daß zwischen den Schritten immer wieder Entspannungsphasen eingelegt werden, die den Zustand der Angst verringern helfen.

Ich stelle mir zunächst folgende Ausgangssituation vor: Ich bin Mutter eines Kleinkindes. Ich habe Angst vor Hunden aller Arten und Rassen. Und ich übertrage - offenbar unbewußt, oft auch gezielt - meine Angst auch auf mein Kind. Mein Ziel ist es: Ich möchte meine panische Angst vor Hunden loswerden.

Ich bilde eine Stufenfolge. Dazu bestimme ich zuerst einen Ausgangspunkt. Das könnte sein, daß ich vor einem Hundehalter, der mir und meinem Kind mit einem Hund an der Leine auf meiner Straßenseite entgegenkommt, nicht auf die andere Straßenseite ausweiche (Das habe ich bisher immer so gemacht!). Diesmal bleibe ich stehen und bestimme die Signale, die Angst bei mir auslösen.

Ist es die schwarze Farbe des Hundes, die Größe, sein Zerren an der Leine, die Miene des Halters...?

Aufgrund dieser Signale denke ich mir eine Reihe von Situationen aus, mit deren Hilfe ich meine Hundeangst angehen kann. Ich entwickle auf diese Weise die verschiedenen Stufen meines ganz persönlichen Desensibilisierungsprogramms.

Dazu kann ich auch ein kleines Heft bei mir tragen, in dem ich eine Strichliste führe, die anzeigt, in welchem Zeitraum mir die einzelnen Aufgaben im Anti-Angst-Training wie häufig gelungen sind. Hier kann ich auch die einzelnen Stufen des Programms für mich selber aufführen.

Die folgenden Stufen können nur Anregungen sein, die jeder auf seine persönliche Situation übertragen sollte:

- Ich weiche einem Hundehalter mit Hund an der Leine nicht mehr aus. Das übe ich solange und wiederhole es sooft - mit meinem Kind an der Hand - bis meine Angst vor dieser Situation völlig verschwunden ist.
- Ich weiche einem Hundehalter mit einem unangeleinten Hund nicht mehr aus. Solange wiederholen, bis auch hier die Angst verschwunden ist.
- Ich weiche einem entgegenkommenden Hund ohne Halter nicht aus. Verhalten wie oben.
- Ich frage einen Hundehalter, ob ich seinen angeleinten Hund streicheln darf. Verhalten wie oben.
- Ich frage einen Hundehalter, ob ich seinen Hund einmal führen darf. Verhalten wie oben.

Die Verhaltenstherapie empfiehlt zusätzlich Entspannungsübungen, die vor allem darin bestehen, durch ruhiges Atmen und kontrolliertes Anspannen und Entspannen der einzelnen Körperteile zur inneren Ruhe zu kommen, denn Angst ist mit Entspannung unvereinbar.

Wenn Sie selber keine Angst vor Hunden haben, Ihr Kind jedoch schon, dann können Sie auch mit ihrem Kind gemeinsam in ähnlicher Weise ein Anti-Hundeangst-Programm entwickeln, das auf seine Situation paßt.

Vielleicht hilft dabei auch der freundliche Nachbar mit seinem Arko oder die verantwortungsvolle Hundezüchterin, die Ihrem Kind über den Umgang mit den Welpen auch die großen Hunde näherbringen kann und so seine Angst abbauen hilft.

Weitere Ideen und Vorschläge sind auch in den Kapiteln Schule und Kindergarten nachzulesen. Ich empfehle auch hier die Bücher von Roger Mugford und John Fisher, die diese Probleme umfassend behandeln.

Übrigens - das Trainingsprogramm, das meine Freundin und ihr Sohn Daniel für sich selbst entwickelt haben, war sehr erfolgreich. Die Familie hat mittlerweile einen eigenen Hund...

Wie wir Kinder an Hunde heranführen können und was wir dabei beachten müssen

Kinder aller Altersstufen, von frühester Jugend an, können lernen, mit Hunden verständnisvoll umzugehen. Von diesem Kontakt wird auch der Hund lernen: Ein Säugling kann in dem Tier einen besonderen Schutzinstikt wecken - vorausgesetzt, es wird frühzeitig und in der richtigen Art und Weise bekanntgemacht und verliert seinen angestammten Platz in der Zuwendung nicht. Mein Friseur erzählte mir dazu folgende, nette Geschichte:

„Als unsere Tochter geboren wurde , verfolgte unser kleiner Hund Snoopy die Aktivitäten im Haus. Meine Frau ging zur Entbindung ins Krankenhaus, packte ihre Tasche und füllte sie mit Babysachen. Snoopy ließ sie nicht aus den Augen. Unser kleiner Snoopy ist ein Hund mit einem ausgeprägten Selbstwertgefühl, so würde man das bei Kindern sagen. Jedenfalls ist er ein recht dominanter Rüde und hat mit anderen Rüden auch schon so manchen Kampf ausgestanden. Wir wußten nicht, wie Snoopy sich verhalten würde, wenn meine Frau mit dem Kind aus dem Krankenhaus kommen würde. Würde er Eifersucht entwickeln? Würde er unsere Tochter akzeptieren?

Aus dem Krankenhaus brachte ich dann eine Windel mit nach Hause, legte sie in unseren Wohnzimmersessel. Zunächst verhielt sich unser Snoopy so, als interessierte ihn das alles nicht. Doch dann waren sein Geruchssinn und seine Neugier stärker... Snoopy schlich sich zu der Windel, nahm den neuen Duft in sich auf, ging ein paar Schritte zurück, kam wieder zu der Windel, nahm erneut den Geruch auf, wedelte mit dem Schwanz, sprang in den Sessel und legte sich auf die Windel. Von da an war ich mir ganz sicher, daß er unsere Tochter annehmen würde.

Als wir aus dem Krankenhaus kamen, schlich er um den Kinderwagen und verließ von diesem Augenblick an nicht mehr seinen Platz. Bis zum heutigen Tag sind unsere Beiden ein Herz und eine Seele. Niemand dürfte sich an unsere Tochter wagen. Er bewacht sie wie sein Eigentum."

Ein gutes Rezept möchte ich an dieser Stelle erwähnen, das Eberhard Trumler schon in seinem Buch „Der schwierige Hund" empfiehlt:

Den Säugling legt man möglichst unbekleidet vor den Hund, läßt ihn beschnuppern und den Po ablecken. Dabei wird der Hund gestreichelt und es wird freundlich auf ihn eingeredet. Bei Hygienefanatikern trifft diese Ansicht sicherlich auf Kopfschütteln. Aber ein Säugling verfügt über Organe, die in der Lage sind, gegen Keime aus der Umwelt geeignete Abwehrstoffe zu entwickeln, die den Organismus gegen die alltäglichen Infektionsgefahren immunisiert.

Wie in meiner eigenen Geschichte beschrieben bin ich mit zwei Schäferhunden großgeworden - krabbelte zu ihnen in die Hundehütte, daß den Erwachsenen der Atem stehenblieb. Die Hunde beleckten und beschützten mich und wichen mir nicht mehr von der Seite.

Das Kleinkind kann lernen, den Hund unter Aufsicht auszuführen. Ich möchte ausdrücklich erwähnen, daß ein nicht verhaltensgestörter Hund einem Kind die gleichen Gefühle entgegenbringt wie einem Welpen. Das von Konrad Lorenz erforschte „Kindchenschema" hat nämlich bei Tier und Mensch dieselben Gesetzmäßigkeiten. Viele von uns kennen das Gefühl: Auf dem Wochenmarkt oder im Schaufenster einer Tierhandlung begegnen wir einem Welpen. Wir neigen dazu, dieses Hundekind auf den Arm zu nehmen und können diesem Gefühl kaum widerstehen. Das Kindchenschema löst im Zwischenhirnbereich ganz spontan die Aktivierung des angeborenen Brutpflegetriebs aus. Nun entstehen plötzlich unglaublich starke Gefühle in den untersten Schichten unseres Großhirns, so daß es zu unlogischen Konsequenzen kommt. Wir verhalten uns - infolge einer grotesken Fehlleistung - wie ein Kindergartenkind und kaufen den Welpen einer großen Rasse, obwohl wir in einer kleinen Wohnung wohnen.

Ist nun ein ausgewachsener Rüde - oder auch eine Hündin - vom Liebreiz eines Kleinkindes dermaßen überwältigt, dann wird er sein Wohlwollen auf seine Hundeart zum Ausdruck bringen. Der Hund wird den Kopf des Kindes in den Fang nehmen, genau zwischen seine mächtigen Zähne, ohne zu berücksichtigen, daß er ja keinen Hundewelpen in der Schnauze trägt. Die Zähne berühren allerdings den Welpenkopf nicht, die Kiefer bleiben gesperrt, wie gelähmt, entsprechend weit klaffend. Der Hund hat eine Beißhemmung. Die Welpen quietschen vor Vergnügen. Wer so etwas bei Hunden noch nicht erlebt hat, wird zunächst einmal erschrecken und glauben, daß der Hund den Welpen totbeißen wolle.

Der Hund wird das Gleiche beim Kind versuchen und es auf diese Weise zu umfassen versuchen. Nur das Kind wird sich erschrecken, denn es spürt seinen Kopf plötzlich im Fang des Hundes. Das Kind wird schreien, seinen Kopf dabei zum eigenen Schutz zurückreißen. Dabei kann es dann passieren: Einer der Fangzähne kann den Kopf des Kindes, einer der unteren Zähne die Wange des Kindes verletzen. Das Kind wird sich am Hund verletzt haben, so verrückt das klingen mag.

Solche Dinge können sich ereignen - sie müssen es aber nicht. Das Kind sollte Vertrauen zu einem Hund haben, wir aber sollten wissen, daß wir ein Kind nie mit einem Hund allein lassen dürfen - gerade auch nicht im Spiel. Damit würden wir unsere elterliche Aufsichtspflicht einfach vernachlässigen.

Der Hund in der Familie

- Ergebnisse einer Studie von Dr. Norbert Rehm

In der Bundesrepublik Deutschland werden mehr als 80% aller Hunde in Familien gehalten. Trotz dieser hohen Zahl gibt es bisher nur wenige Informationen über das Zusammenleben von Eltern, Kindern und Hunden in der Familie. Aus diesem Grund wurden 316 hundehaltende Familien mit insgesamt 555 Kindern, die dem Aufruf einer deutschen Tierzeitschrift zur Mithilfe folgten, zur Bedeutung des Hundes in der Familie befragt. Schwerpunkte waren dabei die Einstellungen der Eltern und Kinder zum Hund sowie Erwartungen an den Hund, Art und Häufigkeit des Umgangs mit dem Hund, sowie die Hygienesensibilität in der Familie.

Die Erhebung war dabei methodisch zweistufig angelegt. Die Grundlage für die Entwicklung eines standardisierten Fragebogens bildete ein Vortest mit ausschließlich offenen Fragestellungen. Mit Hilfe dieses Vortests wurden Merkmale gesammelt, die es ermöglichten, den Komplex Familie-Kind-Hund qualitativ zu erfassen. Darauf aufbauend wurde dann ein Fragebogen mit überwiegend geschlossenen Fragen und Skalen entwickelt. Die im folgenden genannten Ergebnisse wurden auf der Basis dieses standardisierten Fragebogens gewonnen. Über 90 Prozent dieser Eltern betrachten den Hund als notwendigen Miterzieher der Kinder und als wesentlichen Faktor kindlicher Lebensqualität. Bei den Erziehungszielen, die der Hund mitvermitteln kann, wurden Sozialverhalten (89 Prozent), Verantwortungsgefühl (86 Prozent) und Naturverständnis (77 Prozent) am häufigsten genannt. Dem Hund als Sozialisationsgehilfen (= Helfer beim Prozeß der Einordnung des einzelnen Menschen in die Gesellschaft, die Verfasserin) wird dabei eine unmittelbare Funktion zugeschrieben. Als Förderer von Naturverständnis wirkt er sowohl unmittelbar als auch mittelbar: Er ist Anschauungs- und Erlebnisobjekt, aber auch Bindeglied zur Natur im weitesten Sinne.

Der zusätzliche zeitliche und materielle Aufwand der Hundehaltung wird von nur 25 Prozent der Eltern als Belastung empfunden, wobei die Einschränkungen im Urlaub mit 32 Prozent an erster Stelle, die mögliche Unfallgefahr für die Kinder mit 8 Prozent an letzter Stelle genannt wurden. In über 80 Prozent der Familien lastet auf der Mutter die hauptsächliche Arbeit der Hundehaltung. Der Vater aber auch die Kinder sind bei den regelmäßigen Tätigkeiten nur am Rande beteiligt.

Das Hygienebewußtsein in den Familien ist insgesamt als gut zu bezeichen. Allerdings werden mit zunehmender Kinderzahl weniger häufig Hygienemaßnahmen von den Eltern angeordnet. Defizite zeigen sich noch beim Hund, wie bei der Entwurmung oder der Ektoparasitenprophylaxe (=Vorbeugung gegen Schmarotzer der äußeren Haut, die Verfasserin).

Kinder sehen zu 80 Prozent in ihrem Hund in erster Linie den Freund und Spielgefährten, der psychosoziale Bedeutung als Vertrauter (73 Prozent) und

Tröster (70 Prozent) für sie besitzt. Sie suchen dabei vor allem den körperlichen Kontakt und besitzen eine sehr emotionale Bindung zu ihm. Nahezu alle Kinder kennen, wenn auch in unterschiedlichem Umfang, die Besonderheiten ihres Hundes, seine Fähigkeiten und seine Abneigungen ziemlich genau. Sie erproben an ihm ihre physischen aber auch psychischen Kräfte: 85 Prozent der Kinder schimpfen gelegentlich über ihren Hund, über 30 Prozent der Kinder haben ihren Hund schon ein- oder mehrmals absichtlich gezwickt. Sie interagieren mit dem Hund oft in gleicher Weise wie mit Freunden oder Geschwistern, obwohl ihnen die Unterschiede zwischen Mensch und Tier durchaus bekannt sind.

90 Prozent der Hunde werden im Alter bis zu sechs Monaten in die Familie aufgenommen und damit in dem selben Umfeld sozialisiert, in dem sie ihr weiteres Leben verbringen. Sie finden deshalb ideale Haltungsbedingungen vor, weil sie dort zu 77 Prozent als Familienmitglied, das heißt aus ihrer Sicht als Rudelmitglied betrachtet und gehalten werden. Regelmäßige Versorgung und häufige, aber unregelmäßige emotionale Zuwendung erfüllen ihre artgemäßen Bedürfnisse. Das Gefühl alleingelassen zu werden ist dem Familienhund praktisch unbekannt. Im Sozialverband Rudel/Familie werden die Eltern stets als die Ranghöheren, die Kinder hingegen als Wurfgeschwister betrachtet. Knurren zu über 50 Prozent, Schnappen zu über 30 Prozent gehören dabei zum Verhaltensinventar des Hundes, wenn er sich „Grobheiten" der Kinder ausgesetzt sah. Der Hund in der Familie ist eine wesentliche Bereicherung des elterlichen, aber ganz besonders auch des kindlichen Alltags. Seine Bedeutung auf dem emotionalen Sektor für die ganze Familie muß deutlich hervorgehoben werden. Wie in der vorliegenden Erhebung festgestellt wurde, gibt es in den Familien noch Defizite bezüglich der Hundehaltung, aber auch bezüglich der Erwartungen an und der Einstellungen zum Hund. Hier ist noch Aufklärungsarbeit notwendig.

Aber auch wenn der Hund nicht alle Erwartungen der Eltern zu erfüllen vermag, so trägt er doch, individuell verschieden, seinen Teil als Miterzieher, Spielkamerad und Kommunikationspartner bei. Wichtig dabei ist, dem Hund ein Höchstmaß an artgemäßer und verhaltensgerechter Haltung zu bieten. Dies dient nicht nur dem Hund allein, sondern auch all „seinen" Menschen, insbesondere den Kindern. Wird der Hund als Tier respektiert, wird er tiergerecht in einer von Menschen geschaffenen Umwelt gehalten, dann wird er, ohne mißbraucht zu werden, dem Kind sehr viel auf dem Weg zum Erwachsenwerden mitgeben können.

Die Bedeutung von Hunden für Kinder

In dem Aufsatz von Professor Dr. Reinhold Bergler (Direktor des Psychologischen Instituts der Universität Bonn) : „Was Hunde für Kinder bedeuten", heißt es:

„...denn es sind vor allem Hunde, die ganz besondere Erlebnisse des Zusammenlebens vermitteln, die wesentliche Katalysatoren für den Erwerb sozialer Fähigkeiten, Kompetenzen und Verantwortlichkeiten sind. Zudem sind sie aktive Helfer bei der Überwindung von Konflikten, Belastungen und damit auch für den Abbau aggressiver Verhaltensweisen bzw. deren vorbeugende Verhinderung.

Darüberhinaus zeigen diese neuen Untersuchungen, wie intensiv und extensiv die Kommunikation der Kinder mit ihren Hunden ist; wie der tägliche Umgang ausschaut, wie sie bei Ärger und Konflikten mit ihren Eltern von ihrem Hund verstanden, getröstet und ihre Affekte abgebaut werden. Kinder erleben an ihrem Hund Eigenschaften, die sie eigentlich von Erwachsenen, insbesondere von ihren Eltern, erwarten. Kinder leben gerne in einer Welt der Tiere und der Tiergeschichten; sie haben ihre Hunde am liebsten den ganzen Tag um sich. Hunde sind für Kinder immer da, sie freuen sich, sie hören zu, sie stellen keine ärgerlichen Anforderungen: Sie schenken Zuneigung und nehmen Zuneigung gern entgegen, und dies alles wird nicht - wie in der Erwachsenenwelt - von Bedingungen abhängig gemacht."

Und in seiner Studie „Der Einfluß von Hunden auf das Verhalten von Jugendlichen in der Großstadt" (Institut der Stiftung für empirische Sozialforschung Nürnberg) werden die Aussagen von Jugendlichen angeführt:

- Verhinderung von Einsamkeit
- Vermittlung von Lebensfreude
- Erleben von Streicheleinheiten
- Naturverbundenheit
- Körperliches Training, Gesundheitsförderung
- Förderung von Verantwortungsbewußtsein, Pflichtbewußtsein, Aufgabenerfüllung, Zuverlässigkeit
- Förderung von Rücksichtnahme, Toleranz, Mitmenschlichkeit
- Kontaktgewinnung
- Seelische Stabilisierung „Rettungsanker"
- Schutz vor Verzweiflung, Depression, Sinnlosigkeit, Grübeleien
- Ablenkung von Suizidgedanken
- Frustabbau und -bewältigung
- Soziale Sensibilisierung
- Reduzierung von Hektik
- Vermittlung von Sozialkontakten
- Hilfe zur Selbstsicherheit
- Verhinderung von Egoismus

Wer sich in die Thesen vertiefen möchte, warum Kinder Tiere brauchen, dem empfehle ich dringend die Bücher von Reinhold Bergler und Silvia Greiffenhagen, die ich im Literaturverzeichnis noch einmal anführe. Sie sind vor allem für Erzieher, Lehrer und Eltern bestens geeignet, den eigenen Standpunkt zu überprüfen: Wo stehe ich selbst bei diesem Thema? Was macht mir Angst? Wo habe ich Schwierigkeiten? Über welche Informationen verfüge ich?

Auch Hunde haben Angst

Während meiner Hundeausbildung sprachen wir oft über Ängste von Hunden und den daraus entstandenen Verhaltensweisen. Bei den meisten Besitzern konnten sie durch intensives Konditionieren, das heißt Einüben bestimmter Kommandos zum selben Zeitpunkt und in derselben Situation sowie durch konsequentes Training ausgeschaltet werden.

In vielen Fällen wurde ganz einfach versäumt, dem Hund die soziale Ordnung zu bieten, die er im Hunderudel hätte, in dem keiner ohne Rücksicht auf den anderen tun und lassen kann, was er will. Vom ersten Tag an braucht unser Hund die Ordnung und den Platz in „seinem Rudel" - der Familie. Dazu ist eine strenge, das heißt unnachgiebige Konsequenz vonnöten und hat nichts mit Rohheit, Grobheit oder Gefühllosigkeit zu tun, wie manche meinen.

Wovor Hunde Angst haben können

Ich behaupte: Selbst bei erklärten Hundefreunden ist das Nichtwissen über die Grundfunktionen der Lebensgemeinschaft zwischen Mensch und Hund erschreckend hoch. Immer wieder sind Stimmen zu hören: „Mein Hund gehorcht nicht, ich kann machen, was ich will, er kommt nicht, wenn ich ihn rufe." Bücher über Hundeerziehung und Möglichkeiten, sich sachkundig zu machen, mit einem guten Züchter zu reden oder auf einen Hundeplatz zu gehen, um sich von kompetenter Seite Rat zu holen, gibt es ausreichend.

Ähnlich wie in der Erziehung mit Kindern brauchen wir Zeit, Geduld und Verständnis dafür, daß es ein naturgegebenes Verhalten von Hunden gibt und daß die meisten Schwierigkeiten, die dem Hund angelastet werden, in fast allen Fällen gelöst werden können. Eine provokative These, die ich durch meine eigene Praxis mit Hunden vertrete: Es sind weniger die schwierigen Hunde, aber umso öfter schwierige Menschen, die Hunde zu dem machen, was sie geworden sind. Ich möchte Ihnen Mut machen: Erziehen ist leichter als Sie denken. Auch bei unseren Kindern denken wir nach über unsere „Erziehungsmethode". Was bewirkt diese oder jene Bestrafung? Verängstigt sie das Kind zusätzlich? Es gilt, statt der Strafe mit „positiven Verstärkern", zum Beispiel mit Lob an der richtigen Stelle, zu arbeiten. Das ist für das Selbstwertgefühl des Kindes von außerordentlicher Bedeutung.

Hier einige Beispiele für die Ängste der Hunde

- „Mein Hund hat Angst vor Gewitter und verkriecht sich unter dem Tisch."
- „Beim Kindergeburtstag knallte ein Luftballon, seitdem reagiert unser Hund auf jedes Knallen. Schon beim Aufblasen eines Luftballons durch unsere Tochter zieht er den Schwanz ein und verschwindet aus dem Zimmer."
- „Mein Hund hat Angst vor dem Autofahren. Er erbricht jedes Mal. Deshalb nehmen wir ihn gar nicht mehr mit."

- „Mein Hund hat Angst vor Männern."
- „Unser Hund hat Angst vor großen Hunden."
- „Mein Hund kann die kleinen Kläffer nicht ertragen, er wird dann aggressiv."
- „Unser Hund hat Angst vor der Leine. Wir können machen, was wir wollen, er wehrt sich und versucht, die Leine mit den Pfoten über dem Kopf abzustreifen."
- „Unser Hund ist wasserscheu."
- „Unser Hund hat Angst vor'm Kämmen. Er versucht, nach uns zu schnappen, sobald wir die Hundebürste in die Hand nehmen."
- „Mein Hund schnappt nach der Tierärztin, er hat Angst vor ihr."
- „Mein Hund hat Angst vor Mülltonnen."
- „Mein Hund hat Angst vor aufgeklappten Regenschirmen."
- „Mein Hund hat Angst vor'm Telefon. Sobald es klingelt, verkriecht er sich unter den Sessel."
- „Mein Hund reagiert auf laute Stimmen. Sobald er eine Männerstimme hört, uriniert er auf der Stelle."
- „Mein Hund hat Angst vor Kindern."
- „Mein Hund hat Angst vor Wasserpistolen."
- „Mein Hund hat Angst ..."

Mein Hund hat Angst... Alle diese Ängste können beim Hund zu unkontrollierten Handlungen führen, über die mancher Hundehalter selbst erstaunt ist und sie nicht einzuordnen weiß. Sehr schnell heißt es dann von anderer Seite: „Der Hund ist ein Beißer." Oder auch: „Der Hund hat ein Kind angefallen." Bemüht man sich, den Ursachen dieser Verhaltensweise des Hundes auf den Grund zu gehen - was bedauerlicherweise selten geschieht - dann stellt man sehr bald fest, daß meistens ein Versagen beim Menschen vorliegt. Häufig sind es die „Hundehaltung" selber, die mangelnden Kenntnisse des Halters im Umgang mit seinem geliebten Vierbeiner. Der Hund ist sozusagen das Produkt seiner Erziehung, seiner Beziehung zu seinem „Ersatzrudel Mensch", seiner Umgebung, in der er aufwächst, seiner Zuwendung und Pflege. Kurz: Der Hund wurde nicht sozialisiert, nicht richtig in die Gemeinschaft der Menschen eingeführt. So ist ein normal veranlagter und vom Züchter geprägter Hund immer das Spiegelbild seiner Menschen.

Zwei Beispiele möchte ich anführen, die noch einmal verdeutlichen, welche Fakten zu aggressivem Verhalten geführt haben und wie mit ihnen umgegangen wurde:

„Die Eltern von Sebastian lagen in Scheidung. Die Frustration und Aggression und die Enttäuschung, verlassen zu werden, entluden sich über das Kind am Hund. Er wurde gequält, mit Spielzeug beworfen, der Freßnapf wurde ihm weggezogen, ebenso die Wasserschüssel. Irgendwann fletschte der Hund die Zähne. Niemand verstand das veränderte Verhalten des Hundes. Als sich der Hund zum ersten Mal wehrte und das Kind, das ihn quälte, in die Hand biß, wurde er eingeschläfert. Erst durch eine Gesprächstherapie wurde klar, was in dem Kind vorging. Man hatte ihm zudem seinen geliebten Hund getötet."

In dieser emotional belasteten familiären Situation liegt es auf der Hand, daß es zu einem Konflikt kommt, dem weder Kind noch Hund gewachsen sind, weil beide allein gelassen worden sind. Bei genauem Hinsehen hätte wenigstens ein Elternteil die Trennungstrauer des Kindes und die daraus folgende Aggression gegenüber dem Hund feststellen müssen. So hätte man frühzeitig - eventuell mit Hilfe einer Problemberatung - dieses Drama verhindern können.

Ein Rüde aus dem Tierheim kam in eine Familie mit zwei älteren Kindern und einem fünfzehn Monate alten Kleinkind. Der Hund war aber offenbar verhaltensgestört. Er bellte - vom Briefträger bis zum Besuch - jeden Mann an, der ins Haus kam. Viele wagten schon gar nicht mehr, die Wohnung der Familie zu betreten. Den Kindern gegenüber war der Hund liebevoll. Die Familie war mit dieser Verhaltensweise des Hundes vollkommen überfordert und entschloß sich, den Hund wieder abzugeben.

Während einer tierärztlichen Untersuchung wurde festgestellt, daß der Hund Male auf dem Rücken und in der Schwanzgegend hatte, offenbar eine Folge von Schlägen. Der Hund konnte schließlich ein drittes Mal an einen Jäger vermittelt werden, der durch sensible und konsequente Erziehung einen arbeitsfreudigen Jagdhund aus ihm machte, der keinerlei Aggression mehr gegenüber Menschen zeigte.

Was Menschen Tieren antun

Es ist schlimm, was manche Menschen Tieren antun. Bei unserem Besuch erlebten wir mit, wie zwei Yorkshire-Terrier von der Feuerwehr ins Tierheim gebracht wurden. Sie waren total unterernährt, und einer der Hunde hatte einen schlimmen Husten. Beide mußten sofort vom Tierarzt untersucht werden. Woher die Hunde stammen, konnten wir an diesem Vormittag nicht erfahren. Häufig machen Nachbarn den Tierschutzverein oder die Polizei auf Hunde und Katzen aufmerksam, die von ihren Besitzern vernachlässigt oder gequält werden. Sie finden dann im Tierheim Pflege. Ebenso wie ausgesetzte Tiere, die ins Tierheim gebracht werden, sowie auch junge Hunde und Katzen, die einfach nachts in einem Karton vor die Tür gestellt werden (Christian Sokol, Thorsten Klein, Jack Greiner, André Bernhard, Silke Klöckner, aus: Kölner Stadtanzeiger Nr. 96 vom 24.4.96).

Schüler und Schülerinnen besuchen ein Tierheim

(Zur Nachahmung empfohlen)

Der Sozialwissenschaftskurs, Jahrgangsstufe 7, der Wilhelm-Busch-Realschule in Porz-Zündorf machte einen Besuch in einem Kölner Tierheim und schrieb folgenden Artikel:

Heimatlose Tiere finden hier Zuflucht - Besuch im Heim des Tierschutzvereins

Seit 1860 gibt es das Konrad-Adenauer-Tierheim, das der 1868 gegründete Kölner Tierschutzverein betreibt. Herr Balsam, der erste Vorsitzende des Vereins, erzählte uns, daß in dem Heim heutzutage höchstens 150 Katzen und 100 Hunde untergebracht werden können. Im Jahr kommen bis 1100 von ihren Besitzern vernachlässigte, gequälte oder herrenlos aufgefundene Tiere in die Anlage an der Vorgebirgsstraße. Sie ist modern eingerichtet, die Hundehütten in den Zwingern haben sogar Fußbodenheizung. Und es gibt einen Operationsraum, in dem kranke Tiere behandelt werden. Als wir ihn besichtigten, wurde es einigen aus unserem Kurs ein bißchen übel. Es roch dort etwas komisch.

Jedes Tier, das in das Heim gebracht wird, bekommt einen „Ganzkörper-Check-Up." Es wird geimpft, entwurmt, entfloht. Dann kommt es zwölf Tage lang zur Beobachtung auf die Isolierstation. Werden die Tiere in dieser Zeit nicht krank, dürfen sie zu den anderen Tierheimbewohnern und beziehen Quartier im Zwinger oder Katzenhaus. Nur wenn ein Tier sehr krank ist und leiden muß, ihm aber niemand mehr helfen kann, muß es eingeschläfert werden. Nach 20 Tagen können die Tiere vermittelt werden. Menschen, die gern ein Tier hätten, kommen zum Verein und können sich dort ein Tier aussuchen, das ihnen gefällt. Sie bekommen den Hund oder die Katze aber nur dann, wenn die Mitarbeiter davon überzeugt sind, daß ein Heimtier sich bei den Interessenten wohlfühlt und gut versorgt wird.

Verschenkt werden die Tiere nicht. Für Pflege und Betreuung (auch durch den Tierarzt) sind ja Kosten entstanden, an denen die neuen Besitzer beteiligt werden. Je nach Art kosten Hunde 200 bis 300 Mark, eine Katze kostet rund 150 Mark. Die Vermittlungsquote liegt bei Katzen bei 95% und bei Hunden bei etwa 90 Prozent. Deshalb ist dieses Tierheim selten überfüllt. Selbst in der Urlaubszeit, wenn manche Leute die Tiere aussetzen, weil sie sie nicht mit in die Ferien nehmen können oder wollen, oder nach Weihnachten, wenn sich Menschen von Tieren trennen, die sie geschenkt bekommen haben, gebe es in der Regel noch Platz im Heim, versicherte der Vorsitzende.

Zur Zeit leben im Konrad-Adenauer-Tierheim nur 20 Katzen und 25 Hunde. Täglich verfüttern die Pfleger 25 bis 30 Kilogramm Fleisch an die Tiere. Außerdem bekommen die Hunde noch etwa 12 Kilogramm Flocken und Trockenfutter. In dem Tierheim arbeiten drei Pfleger und eine Bürokraft. Der Pfleger Uwe wohnt sogar hier und ist deshalb Tag und Nacht für die Tiere da. Das größte Problem, so erklärt uns der Vereinsvorsitzende, sind die hohen laufenden Kosten. Rund 400 000 DM werden im Jahr benötigt, um die Tiere zu verwahren und zu versorgen. Den größten Teil des Betrages bringt der Kölner Tierschutzverein auf. Er bezieht sein Geld aus Mitgliederbeiträgen, vor allem aber aus Spenden und Erbschaften (Stephanie Willmann, Sandra Kloß, Sonja Holupierek, Annika Jakubek, Kristin Becker, Maria Jovanovic, Stephan Voiss, Daniel Udaloy).

Hunde als „Geschenk“ für Kinder

Die folgende Kindergeschichte eignet sich zum Vorlesen oder auch zum Selberlesen für Kinder ab etwa 8 Jahren. Sie fordert die Frage heraus, ob und unter welchen Bedingungen Erwachsene einem Kind einen Hund schenken sollten. Im Anschluß an die Geschichte werden Informationen gegeben, die zu einer sachgemäßen Antwort beitragen können.

Pünktchen

Jana glaubt, noch zu träumen. Durch die Rolladen ihres Fensters dringen ein paar Sonnenstrahlen. Sie kitzeln ihr in der Nase. Jana ist gleich hellwach. „Morgen muß die Sonne scheinen“, hatte sie sich gestern gewünscht. „Das wird sie bestimmt“, hatte ihre Mutter am Abend gesagt. Dann ist Jana sehr aufgeregt ins Bett gegangen. Schlafen konnte sie nicht. Unter ihrem Bett lagen ein paar Bücher. Die hat sie dort versteckt. Immer, wenn sie nicht einschlafen kann, schaltet sie ihre kleine Nachttischlampe an und liest. Am letzten Abend hat sie lange gelesen. „Ob ich bekomme, was ich mir gewünscht habe?“

Jana hat ihren Geburtstagswunsch auf einen Zettel geschrieben. Sie schaut auf die Uhr. „Halb sieben. Wenn ich die Rolladen öffne, werden Sarah und die Eltern wach.“ Barfuß läuft Jana über den grünen Teppichboden. Flüchtig blickt sie auf den Schreibtisch. „Wer hat denn das geschrieben? Das ist doch Muttis Schrift!“ In großen Buchstaben steht auf einem Blatt:

„Unserer großen Tochter zum 9. Geburtstag. In Liebe von Mutti und Papi.“

Dann liest sie weiter: „Du mußt Dich noch ein wenig gedulden. Sicher bist Du sehr neugierig auf Dein Geburtstagsgeschenk. Wir haben uns etwas Besonderes ausgedacht. Etwas, an dem Du lange Freude haben wirst. In einem Körbchen, hinter dem Kleiderschrank, findest Du die erste Anweisung! So, und nun kann es losgehen. Viel Spaß beim Suchen!“

Auf dem Flur hört sie die Stimmen ihrer Familie. Sarah ist auch schon wach. Sie ist genauso aufgeregt wie ihre große Schwester. Mutti hat die Überraschung nicht verraten. Als Sarah sie fragte, was Jana denn zum Geburtstag bekäme, sagte sie nur: „Ich verrate diesmal gar nichts. Es wird eine Überraschung für euch beide sein. Ihr werdet euch sicher freuen!“

Sarah kann es nicht abwarten, so neugierig ist sie. „So“, flüstert Mutti, „nun singen wir der Jana ein Geburtstagslied. Komm, wir gehen schon einmal in den Flur und stellen uns neben den Geburtstagstisch. Jana wird sicherlich jeden Augenblick kommen.“

Der Vater zündet die Kerzen an. In der großen Diele hatten die Eltern am Vorabend einen Geburtstagstisch aufgebaut. Das machen sie immer so, wenn die Kinder Geburtstag haben. Es werden Girlanden aufgehängt, bunte Luftballons befestigt. Auf dem Tisch stehen Moosröschen und rote Kerzen. Jana

Auf zur Kinderparty! Foto: Sinnhuber

Wenn ich Dich nicht hätte! Foto: Elisabeth Vitouch

Wir drei verstehen uns. Wichtig ist aber, daß auch Mutti oder Vati mit dabei sind.
Foto: Prof. Dr. Bernd Günter

Ich darf bei den Welpen helfen, wenn Vati oder Mutti mit dabei sind.
Foto: R. Moschner

So geduldig sind wir "Kampfhunde" wirklich! Foto: Uta Egendörfer

So spielen wir immer zusammen. Foto: Monika Höhn

Wir müssen wohl beide mal zum Friseur! Foto: Doris Kiefer

Kinder lieben solche großen Zottelbären! Foto: A. Kamp

Ein Baby ist angekommen. Richtig eingeführt wird der Bullterrier zur liebevollen Kinderschwester. Foto: H. und M. Krüger

Im Hundekorb sitzen Sophie und Bullterrier Daphne (11 1/2 Jahre), Siamkater Hannibal und im Hintergrund Boxer Donna. Foto: Inge Kayenberg

Kennt jemand ein geduldigeres Pferd? Foto: Willi Freund

hat drei Pakete bekommen. Eines von Oma Lotti und Opa Erich, das andere von ihrer Patentante Christa aus Duisburg. Unter dem Tisch steht noch ein drittes Päckchen von ihrer Patentante Ursula aus Düsseldorf.

„Darf ich, Mutti?" Jana öffnet die Tür ihres Zimmers. „Moment noch", ruft Sarah zurück. „Mutti, wo ist denn nun Janas Geburtstagsüberraschung?" Sarah tritt von einem Bein aufs andere. Eigentlich muß sie dringend auf die Toilette, aber vor Aufregung unterdrückt sie das. Vater nimmt Sarahs kleine Hand. So stehen sie nebeneinander und singen:

„Viel Glück und viel Segen, auf all' Deinen Wegen. Gesundheit und Frohsinn sei auch mit dabei."

Jana weiß, daß sie jetzt kommen kann. Sie rennt beinahe die Treppe hoch. Sie stolpert und verliert ihr Körbchen mit der „ersten Anweisung". Sarah hebt den Zettel auf, legt ihn in den Korb. „Weißt du schon, was du bekommst, Jana? Ich bin ja so neugierig."

Die Eltern gehen auf ihre große Tochter zu, umarmen sie: „Herzlichen Glückwunsch, Jana. Und alles, alles Liebe..."

Der Mutter stehen Tränen in den Augen. Sie erinnert sich an die schwierige Geburt damals. Und jetzt ist sie schon so groß.

Janas Augen wandern über ihren Geburtstagstisch. Auf dem Zettel in ihrem Körbchen liest sie die nächste Anweisung: „Schau gut auf Deinen Geburtstagstisch!" Hinter der grünen Kerze findet sie den nächsten Zettel. Inzwischen puhlt Sarah mit ihren kleinen Fingern an Janas Geburtstagsherz herum. „Darf ich etwas von dem Zuckerguß haben?"

Jedes Jahr bekommen die Kinder ein Kuchenherz mit einer Kerze zum Geburtstag. Am liebsten mögen sie die Verzierung. In kurzer Zeit ist sie abgeknabbert. „Danke, Mutti, das Schulmäppchen hab' ich mir gewünscht!" Jana umarmt ihre Mutter. Sarah öffnet die ersten Süßigkeiten. „Jana, ist das das Geschenk, was auf dem Zettel steht?"

Aus der Küche duftet es nach Kaffee und Kakao. Vater hat bereits den Kaffeetisch am Vorabend gedeckt. „Dürfen wir deine Geburtstagsbrezel anschneiden, Jana?" Jana denkt an den Zettel: „...wenn Du gefrühstückt hast und angezogen bist, wirst Du weitere Anweisungen im Garten finden."

Sarah's Mund ist von den Lakritzstangen völlig verschmiert. „Darf ich auch den Trainingsanzug über das Nachthemd ziehen, Papi?" Sie kann es genauso wenig erwarten wie Jana, die im Trainingsanzug am Tisch sitzt und an Stelle ihres Vaters antwortet. „Ja, Sarah, zieh dir rasch etwas über. Wir müssen noch im Garten suchen. Ob ich das Aquarium bekomme, das ich mir so gewünscht habe?"

Sarah hört sie nicht mehr. Sie ist bereits im Bad verschwunden und zieht sich an. So schnell war sie noch nie fertig. Das lange Nachthemd hat sie in die Hose gestopft. Mit dickem Bauch und Po kommt sie heraus wie ein Clown.

Die Tür fällt ins Schloß. Vom Fenster aus beobachten die Eltern, wie die beiden draußen suchen. „Jana, guck mal hier. Ich habe einen Zettel gefunden." Sarah reißt einen grünen Zettel vom Klettergerüst.

Jana erkennt die Schrift ihres Vaters. Er hat ein lachendes Gesicht auf den Zettel gemalt. Jana erinnert das an die Schule. In der ersten Schulklasse hatte ihre Klassenlehrerin oft solche Gesichter in die Schulhefte gemalt. Darunter liest sie: „Du solltest nach einer Decke suchen."

Jana liest die Zeile hastig. Doch bevor sie den Satz zu Ende spricht, läuft Sarah zum Tannenbäumchen am Sandkasten. Dahinter leuchtet etwas Rotes hervor. „Jana, eine rote Decke. Die ist neu. Ist das dein Geburtstagsgeschenk?" Sarah ist enttäuscht. „Soll die vielleicht für Deinen Puppenwagen sein?"

Jana bückt sich. „Du, Sarah, hier ist ein Zettelchen herausgefallen. Ich glaube, wir müssen noch weitersuchen!" Diesmal hat Janas Mutter geschrieben. „Das Suchspiel ist noch nicht zu Ende, schau´ mal auf die Haustürwände..." Die Kinder rennen die Gartentreppen hoch. Beinahe wäre Sarah über Moritz gestolpert. Der Kater vom Nachbarn sonnt sich auf den Steintreppen. Jana ist als Erste an der Haustür angelangt. Außer Puste kommt Sarah hinterher.

„Gleich hast Du´s geschafft, liebes Geburtstagskind. Du bist ganz nah dran. Nun geh´ rüber in den Stall von Erika. Dort wirst Du weitere Anweisungen erhalten." Jana reißt den Zettel von der Wand. In den Stall? Die Kinder lachen. Die Eltern sind mit dem Frühstück fertig und öffnen die Haustür. „Nun, ihr beiden, wie sieht´s denn aus? Habt ihr das Geschenk noch nicht gefunden? Wir können euch ein wenig helfen." Die Eltern gehen über die Wiese. Drüben bellt Kessi, die Boxerhündin.

Die freundliche Nachbarin Erika kommt aus der Küche. „Herzlichen Glückwunsch, Jana. Du suchst dein Geburtstagsgeschenk?" `Woher weiß Erika...?´ geht es Jana durch den Kopf. Erika lächelt den Eltern zu. Dabei entgeht Jana nicht, daß sie ihrer Mutter ein Auge zuzwinkert. „Na, dann wollen wir mal", sagt sie und öffnet die Stalltür. „Ii", sagt Sarah und hält sich die Nase zu. „Das stinkt ja fürchterlich. Was sollen wir denn im Kuhstall?"

Plötzlich schreit Jana auf. Jemand stupst sie von hinten an. Jana dreht sich um. „Du bist es, Kessi. Was ist denn los? Warum stößt du mich denn? Hab´ ich mich vielleicht erschreckt."

Ein warmer Stalldunst schlägt Kindern und Eltern entgegen. Kessi springt an ihnen vorbei und verschwindet im Stall. „Nun komm´ mal rein, Jana. Vielleicht findest du hier die nächste Anweisung!"

Jana bemerkt die Unruhe der Kühe, als sie den Stall betritt. „Hier sollen wir suchen, Mutti?" Erika räumt einen Melkschemel aus dem Weg und stellt die blanke Milchkanne halbvoll beiseite. Auf einem Strohballen findet Jana ein weißes Plakat:

„Wenn Du den Strohballen beiseite schiebst...!"

Jana reibt sich die Augen. Dann blickt sie noch einmal hin. Vor ihr liegt Kessi. Mit großen Augen schaut sie die Besucher an. An ihren Zitzen nuckeln fünf winzige Welpen.

„Das ist doch nicht möglich, Sarah! Kessi hat Junge bekommen. Und ich...?" Jana fällt ihrer Mutter in die Arme. „Ja, du darfst...! Du hast dir doch immer einen Hund gewünscht. Such' dir einen aus, Jana."

Die Kinder knien vor den Tieren. Sarah tanzt vor lauter Freude im Kreis herum. „Jana, wir bekommen einen Hund. Darf ich den auch mal an der Leine führen?"

Erika legt den Kindern ein Hundebaby auf den Arm. Seine Augen sind noch geschlossen. „Die sind vorgestern geboren worden, Jana. Rex ist der Vater. Jetzt sehen sie noch aus wie Kessi. Wenn sie später groß sind, ähneln sie stärker einem Schäferhund. Sind die nicht niedlich?"

Jana entdeckt ein schwarzes Pünktchen oberhalb der Schnauze ihres Welpen. Das Bäuchlein gleicht dem eines Babies. Es ist nackt und weich. „Das möchte ich behalten. Es ist das kleinste und zarteste von allen. Das mit dem Pünktchen. Kann ich es nicht auch Pünktchen nennen?"

Kessi steht auf. Sie versucht, Jana das Baby vom Arm zu nehmen. Jana erschrickt. „Du brauchst keine Angst zu haben, Jana. Kessi tut dir nichts. Sie will nur ihr Kleines wiederhaben. Sie meint, wir wollen ihr die Jungen wegnehmen. Leg' das Kleine mal auf den Boden und beobachte, wie sie ihr Junges wegschleppt."

Geschickt packt Kessi das kleine Pünktchen mit der Schnauze am Nacken und trägt es zurück zu ihrem warmen Strohlager. Dann legt sie sich bereitwillig hin, damit die Kleinen wieder trinken können.

„Acht Wochen mußt du noch warten, Jana. Dann darfst du dein Pünktchen abholen. So lange brauchen die Jungen noch die Milch und die Nähe der Mutter. Wenn du das Kleine jetzt wegnimmst, dann stirbt es. Aber du kannst es ja täglich besuchen." Jana umarmt ihre Eltern. Dann verabschiedet sie sich von Erika. „Wir haben einen Hund, wir haben einen Hund..." singt Sarah und hüpft von einem Bein auf's andere.

„Freust du dich auch, Jana?" fragt Vater und drückt Jana liebevoll an sich.

„Danke" sagt Jana und strahlt ihre Eltern an. „Pünktchen ist wunderschön."

Diese Geschichte zeigt deutlich, welche Fehler man bei der Übernahme eines Hundes nie machen sollte! Diese Art „auf den Hund zu kommen" erschwert den Umgang mit Hunden und macht ihn auch in Zukunft immer wieder unnötig schwer. Wir müssen versuchen, auch hier aufklärend zu arbeiten.

1. Kinder sollten immer vor der Anschaffung eines Tieres lernen, was ein Tier von ihnen erwartet und verlangt (Literaturhinweise: Du und Dein Tier-Ratgeber für Kinder - für Jugendliche ab 10 Jahren und Erwachsene, Kynos-Hundefibel).

2. Um ein problemloses Zusammenleben zu sichern, ist es wichtig, daß Rassetyp und Charakter zur Familie passen. Der Bewegungsdrang und die Arbeitsfreude der Rasse muß gut überlegt sein. Alle Herdenschutzhunderassen eignen sich nur für Menschen, die wenig Wert auf Kommunikation mit Fremden legen und keine Kinder im Spielalter haben. Ihr Schutztrieb ist so stark, daß Spielfreunde im Haus oder im Garten nicht geduldet werden. Jagd- und Hütehunderassen haben ein großes Bewegungsbedürfnis und die Windhunde sind durch ihren großen Sichtjagdtrieb nur in eingezäuntem Gebiet ohne Leine unter Kontrolle zu halten. Besonders problematisch können Rassemischungen werden, deren Charaktermerkmale durch den oft großen Wesenunterschied (zum Beispiel Rottweiler mit Dobermann, Schäferhund mit sogenannten Bulldog-Nachkommen, Molossern usw.). Hier kommen Nervosität und niedrige Reizschwelle (Überreaktion) mit Aggression gegen Tiere zusammen. Auch Boxer und Schäferhund - wie in dieser Geschichte - gehören dazu.

3. Man sollte nie einen Welpen übernehmen, der in einem Stall oder Zwinger aufwuchs, oder von Züchtern kaufen, die zu viele Hunde haben und eventuell während der Aufzuchtzeit berufstätig sind. Sie werden sich nicht ausreichend um die Welpen kümmern können. In all diesen Fällen fehlt die so entscheidende Prägung der Welpen auf den Menschen und die spätere Umgebung, die der neue Besitzer nicht nachholen kann. Damit sind Probleme vorprogrammiert.

Sollte man Kindern einen Hund schenken?

Bei verschiedenen Begegnungen mit Grundschülern habe ich folgende Fragen gestellt: Hat jemand von euch einen Hund?

Meistens meldeten sich von etwa 30 Kindern einer Klasse vier oder fünf Schüler, die einen Hund in der Familie hatten.

Ist schon einmal jemand von euch von einem Hund gebissen worden?

Rund ein Drittel aller Schüler gaben an, von einem Hund gebissen worden zu sein. Allerdings stellte sich bei genauerem Nachfragen heraus, daß es in fast allen Fällen ein Schnappen des Hundes war. Denn von allen 180 befragten Schülern mußte nur ein einziger mit einer Bißverletzung zum Arzt. Bei allen anderen war nicht einmal Blut geflossen. Die Kinder wußten auch häufig, daß sie den Hund provoziert hatten, wie durch Fuchteln mit einem Gegenstand vor der Nase des Hundes, durch Anstarren oder schnelles Weg-laufen.

Auf meine Frage: Wer möchte denn gern einen Hund haben? meldeten sich 95 Prozent aller Schüler mit leuchtenden Augen. Unter ihnen auch die, die schon einmal „gebissen“ worden waren.

Sollten also Eltern ihrem Kind einen Hund zu einem besonderen Anlaß, wie etwa zum Geburtstag oder zu Weihnachten schenken?

Eine Mutter, die es gerade „hinter sich“ hat, meinte dazu: „Auf gar keinen Fall! Meine Kinder waren genau drei Wochen lang hellauf begeistert von unserem neuen Familienmitglied, dann hatte ich das Tier am Hals.“

„Auf jeden Fall einen Hund für Kinder“, sagte mein Nachbar. Er geht auf die Jagd und kann sich ein Leben ohne Hund weder für sich noch für seine Familie vorstellen.

Wie also sollten Eltern sich entscheiden?

Zu den Tatsachen:

85% aller Kinder sehen gern Tiersendungen, 77% lesen gern Tiergeschichten und fast 100% wünschen sich ein Tier. Von denen, die einen Hund besitzen, gehen zwar 73% regelmäßig mit ihm aus, aber nur 17% waschen und bürsten ihren Hund und nur 6% machen Freßnapf und Schlafkorb sauber. In jeder zweiten Familie mit Hund gibt es Streit um die Frage: Wer ist für den Hund verantwortlich? Dies ermittelte ein Psychologen-Team der Universität Bonn unter 620 Befragten.

Was spricht für einen Hund?

67% der befragten Lehrer sind davon überzeugt, daß Kinder mit Hund in der Schule weniger aggressiv sind. Sie sind ruhiger und ausgeglichener. 85% der Lehrer haben bei Kindern mit Hund auch mehr Verantwortungsgefühl als bei anderen Kindern festgestellt. Noch eine weitere Zahl sollte uns Erwachsene nachdenklich machen: Kinder lieben ihre Hunde vor allem deshalb, weil sie einen Mangel ausgleichen. Von den Kindern mit Hund sagen 77%, ihr Hund sei „nicht so böse wie ein Mensch“. 81% meinen: „Der hört mir immer zu“ und 70% immerhin sind davon überzeugt, daß „er mich besser versteht als mancher Erwachsene!“

In dem sehr guten Fachbuch „Warum Kinder Tiere brauchen“ (Prof. Reinhold Bergler, Herder Spektrum, Freiburg 1994) schreiben Psychologen, daß unter den befragten Kindern keines war, „das an seinem Hund nicht Eigenschaften entdeckt hätte, die es bei Menschen vermißt.“

Für Einzelkinder, die oft allein sind, kann ein Hund optimal sein. Vor allem, wenn sie noch dazu einen eigenen Garten haben.

Was spricht gegen einen Hund?

Kinder sind von neuen Dingen schnell begeistert, aber auch rasch wieder gelangweilt. Das gilt weitgehend auch im Blick auf Hunde. Daher werden sehr bald die Eltern - meist eben die Mütter, wenn sie im Haus sind - die Arbeit mit dem Hund haben. Er muß nämlich bei jedem Wetter nach draußen - nicht unter ein bis zwei Stunden. Hinzu kommt der Schmutz, den Hunde - wie jedes Haustier - machen. Und außerdem: Was sagt der Vermieter zum Hund? Gibt es in der Familie Mitglieder, die mit Allergie auf den Hund reagieren könnten?

Was geschieht mit dem Hund im Urlaub? Wie oft muß ich mit ihm zum Tierarzt? Hinzu kommen Kosten wie für Futter oder die Hundesteuer. Weil das alles meist nicht genügend bedacht wird, wenn man spontan einen Hund verschenkt, werden jährlich 180.000 Hunde in Deutschland ausgesetzt oder landen im Tierheim. Sollten Sie die Anschaffung eines Hundes - trotz einiger Bedenken - ins Auge fassen, hier einige Regeln, die man beherzigen sollte:

- Je größer die Stadt, desto kleiner der Hund.
- Je höher die Etage, desto kleiner der Hund.
- Je kleiner die Wohnung, desto ruhiger der Hund.
- Noch eins: Kleine Hunde werden groß.
- Je älter der Hund, desto eher gelingt das Verstehen zwischen Kind und Tier.
- Je größer der Hund, desto weniger Aggressionen des Kindes zieht er auf sich und desto weniger aggressiv verhält er sich selber.
- Je länger der Hund schon vor der Geburt eines Kindes zur Familie gehörte, desto stärker ausgeprägt ist die Kommunikation zwischen beiden.

Weibliche Tiere sind übrigens meist ruhiger und eignen sich so eher für Familien mit Kleinkindern. Der „ideale“ Familienhund ist älter als drei Jahre, groß, weiblich und hat ein kuscheliges Fell. Rüden ordnen sich schwerer unter und brauchen die konsequentere Erziehung. Wenn Ihr Kind eher sprunghaft mit seinen Wünschen ist oder jünger als sechs Jahre, dann sollten Sie mit der Anschaffung eines Hundes besser noch warten (Nach „Für Sie“, 24/95, S. 234).

Und was ist mit den folgenden Meinungen?

Werden nicht gerade Kleinkinder von eifersüchtigen Hunden totgebissen? Sterben nicht jährlich zahllose Kinder an Hundebissen?

Dazu ist zu sagen, daß sich Hundeexperten in aller Welt darin einig sind, daß ein richtig erzogener Hund unter keinen Umständen zubeißt. Es kommt daher vor allem darauf an, dem Hund seine untergeordnete Rolle im „Rudel Familie“ unmißverständlich und konsequent klar zu machen.

Und noch ein wichtiger Hinweis:

„Tiere verschenkt man unter gar keinen Umständen. Zum Leben mit einem solchen Lebensbegleiter gehört die gebührend lange Zeit der Vorbereitung und der Erkenntnis, daß man wirklich sein Leben in dieser Richtung verändern will. Schließlich die Entscheidung für diesen und keinen anderen: Das hat jedermann selbst zu bewältigen und sich verdammt viel Zeit dabei zu lassen. Tiere sind keine Geschenke. An 365 Tagen im Jahr.“ Gert Haucke, Schauspieler (in: Das Sonntagsblatt, Nr. 51 vom 22.12.1995)

Wenn die Entscheidung zur Anschaffung eines Hundes gefallen ist

Ich bin ausdrücklich dafür, einen Hund für die Familie mit Kindern anzuschaffen, wann immer die äußeren Bedingungen es zulassen.

Neben den besonders positiven Auswirkungen von Hunden auf Kinder, die Reinhold Bergler in seinen Befragungen von Erziehern, Kinderpsychologen, Müttern und Vätern ermittelt hat - wie beispielsweise dem Lernen von Verantwortungsbewußtsein, Steigerung des Selbstwertgefühls durch Übernahme von Verantwortung, Überwindung von Mißerfolgen, von Einsamkeit und Traurigkeit, der allgemeinen Entwicklung des Sozialverhaltens und nicht zuletzt dem Abbau von Aggressionen - muß natürlich auch die Frage geklärt werden: Kennst du dich mit Hunden aus? Hier ist nicht nur die familiäre, sondern auch die schulische Erziehung gefordert.

Nicht jede Familie ist in der Lage, einen Hund zu halten. Aber Erwachsene wie auch ihre Kinder sollten lernen, richtig mit Hunden umzugehen. Dann wird der Satz „...dann beißt dich der Hund" seine Bedeutung verloren haben. Wir brauchen dringend die Möglichkeit, in Kindergärten, Schulen und Medien durch Vermitteln von Wissen den im letzten Jahrzehnt entstandenen Teufelskreis zu durchbrechen: „Eltern mit Angst vor Hunden prägen ihre Kinder zur Angst vor Hunden - und diese wiederum geben später als Erwachsene die Angst an die nächste Generation und..."

Erziehung zum verantwortungsvollen Umgang mit Tieren

Kennst du dich mit Hunden aus? Ein Spiel von Mira Rommelspacher.

Der sehnlichste Wunsch vieler Kinder ist ein Haustier. Oftmals fehlt jedoch das Verantwortungsbewußtsein. Aufgabe der Schule ist es, hier aufklärend wirksam zu sein.

Gerade in letzter Zeit nehmen Diskussionen zu, in denen es darum geht, Schülern Werte und Normen zu vermitteln, das heißt sie dann zu unterstützen, diese zu entwickeln. Dazu bietet sich das Thema Tierhaltung an, da Tiere ein emotional stark besetztes Thema sind. Außerdem ist leider oft zu beobachten, daß Kinder an einem neuen Haustier schnell ermüden und die anfängliche Begeisterung nachläßt, sobald die Pflichten für den vermeintlichen Spielgefährten überhandnehmen.

Den Kindern muß trotz der sonstigen Wegwerfmentalität klar werden, daß man Tiere nicht einfach wieder weggeben kann und daß sie daher lieber vorher bedenken, daß ein Haustier neben der Freude auch Arbeit mit sich bringt.

Zu diesem Zweck führte ich eine Unterrichtseinheit über Hundehaltung durch. Das dabei entstandene Spiel ist ein einfaches Wegespiel mit Ereigniskarten. Auf dem Spielplan sind einzelne Felder markiert, an denen eine Karte gezogen werden muß. Zusätzlich müssen Spielfiguren und ein Würfel zur

Verfügung stehen. Das Besondere an diesem Spiel ist, daß die Schüler die Karten selber fertigstellen oder ganz eigene Karten entwickeln.

Zum Einstieg wurde den Kindern eine Geschichte mit folgendem Inhalt erzählt:

„Gestern war ich spazieren. Plötzlich hörte ich lautes Hundegebell. Das war nicht nur ein Hund, sondern viele Hunde. Ich ging in die Richtung, aus der ich das Gebell hörte, und kam zu einem Haus. Vor dem Haus war ein großer Käfig mit vielen Katzen drin. Daneben war ein großer Käfig mit Vögeln, und dahinter sah ich auch die vielen Hunde in Käfigen.

(Der Begriff „Tierheim" wurde von Kindern und/oder der Lehrerin genannt und erklärt.)

Vor dem Tierheim stand ein kleiner Junge, etwa so alt wie ihr, und weinte. Ich fragte ihn, warum er weine. Der Junge, der Peter hieß, erzählte mir, daß er einen Hund zu Weihnachten geschenkt bekommen habe, und nun würde die Mutter ihn im Tierheim abgeben. Da kam auch schon Peters Mutter heraus, und ich fragte sie, warum sie den Hund abgeben wolle.

(Die Kinder nannten Gründe, warum Leute ihre Tiere im Tierheim abgeben.)

Peters Mutter erzählte, daß Peter versprochen hatte, allein für den Hund zu sorgen und daß sie keine Extraarbeit mit dem Hund haben würde. Dann hätte sie aber sehr viel Mühe und Ärger wegen des Tieres gehabt. Peters Mutter sagte auch, daß ein Hund so teuer sei, weil er so viele Dinge bräuchte.

(Die Schüler sammelten „Was ein Hund braucht".)

Die Lehrerin zeigte nun einen Spielplan und kündigte an, daß ein Spiel zu der Geschichte von Peter und seinem Hund gespielt werden dürfe, daß die Schüler noch die Spielkarten dazu machen müßten.

Auf Plakaten (alternativ auf dem Tageslichtprojektor oder an der Tafel) wurden vergrößerte Beispieltexte für Spielkarten angeboten (Ein Hund hat den Briefträger gebissen.). Die Kinder mußten entscheiden, ob der dargestellte Sachverhalt gut oder schlecht sei, oder ob sich Peters Mutter darüber freuen oder ärgern würde. Dazu gibt es vier verschiedene Möglichkeiten der Konsequenzen, die aus der Bewertung des Sachverhaltes resultieren:

❑ Schritte vor

Nochmals würfeln

❑ Schritte zurück

Einmal aussetzen

Diese Begriffe waren als Wortkarten vorhanden, um bei der späteren Spielherstellung als Vorlage für rechtschreibschwache Schüler zu dienen. Nun füllen die Kinder die Spielkarten aus, d.h. sie schreiben unter den vorgegebenen Kartentext einen ihrer Bewertung nach angemessenen Zug.

Zur Differenzierung (oder als Erweiterungsaufgabe für jedes Kind) wurden Blankokarten eingesetzt, auf denen sich die Kinder zunächst einen eigenen

Sachververhalt ausdenken und diesen dann werten mußten. Außerdem konnten die Kinder den Spielplan weiter anmalen.

Bei der Spielherstellung hat es sich als sinnvoll erwiesen (wenn das Spiel von verschiedenen Gruppen hergestellt werden soll), die Rückseiten der Spielpläne und der dazugehörigen Kärtchen in einer Farbe zu halten, um ein späteres Durcheinander der Kärtchen zu verhindern. Die Kärtchen selber können entweder mit Bleistift beschrieben und später radiert oder foliert und mit abwaschbarem Folienschreiber (oder wasserfestem Stift und Nagellackentferner) beschriftet werden. So kann man das Spiel auch später wieder einsetzen.

Danach wurde das Spiel in Gruppen gespielt. Durch das Vorlesen der Kartentexte und die dazugehörigen Konsequenzen kontrollierten sich die Schüler gegenseitig. So kann ein Radiergummi notwendig werden, wenn ein Sachverhalt mit „drei Schritte vor" belohnt wird, der doch eigentlich negativ ist. Zum Abschluß der Stunde wurden die anfängliche Geschichte und die Spielerfahrungen wieder aufgenommen, indem die Kinder überlegten, was man Leuten raten könnte, bevor sie sich einen Hund anschaffen, um zu verhindern, daß die Tiere ins Tierheim kommen.

Das Spiel sollte auf keinen Fall zu lange gespielt werden (je nach Motivation der Kinder nicht mehr als zwei Durchgänge in einer Stunde).

Weit länger hält die Motivation eines Spieles für Kinder an, wenn es eher kurz und dafür in mehreren Stunden gespielt wird. Somit kann das Spiel vom ersten Tag der Unterrichtseinheit über die ganze Zeit hinweg und auch später zur Wiederholung eingesetzt werden. Dadurch, daß die Spielpläne im Klassenzimmer verbleiben und auf der Rückseite als Erinnerungshilfe eine Spielanleitung erhalten, kann das Hundespiel auch gut in folgenden Stunden zur Differenzierung und in den Pausen gespielt werden.

Allgemein ist zu beobachten, daß die Schüler Wegespielen sehr positiv gegenüber stehen und daß die eigene Spielherstellung neben dem inhaltlichen Aspekt die Identifikation mit dem Spiel und dadurch die Motivation, das Spiel zu spielen, deutlich erhöht.

Was könnte die Schule sonst noch tun?

Der Hamburger Forschungskreis Heimtiere in der Gesellschaft (FHG) regt Lehrerinnen und Lehrer zu folgenden Aktivitäten an:

- *Besuch im Tierheim*

Ein Besuch im Tierheim dürfte für die Schüler sehr aufschlußreich sein. Kinder könnten durch eine Spendenaktion selber aktiv werden.

- *Hundeausstellung besuchen*

Ausstellungsdaten für den Besuch einer Hundeausstellung mit der Klasse können ebenso wie eine Anzahl von Freikarten durch den FHG vermittelt werden.

- *Züchter kommen in die Schule*

Der FHG kann Züchter vermitteln, die mit Einzelhunden oder mit einer Hündin und ihren Welpen in die Schule kommen. Möglicherweise kann man die Züchter auch besuchen.

- *Ein Polizeihund im Unterricht*

Gern organisiert die FGH auch den Besuch eines Polizeihundeführers im Unterricht, um über den „Beruf" seines Hundes zu sprechen.

- *Büchertische*
- *Projekttage*
- *Ausstellung mit Hundefotos*

Die Körpersprache des Hundes verstehen lernen

Wir Menschen sind für den „modernen Hund" Rudelgenossen und infolgedessen wenden sie bei uns Menschen ihre Zuneigungs- und Zärtlichkeitsgesten an.

Verhaltensforscher haben herausgefunden, daß die meisten Liebesbeweise von Hunden aus ihren Welpentagen stammen.

Als Welpe lernte der Hund die Begrüßungsgeste. Wenn Mutter oder Vater mit Nahrung nach Hause kamen, so sprang er an diesen hoch und leckte ihnen das Gesicht ab. Auch das Pfotengeben ist eine Angewohnheit aus der Welpenzeit. Es ist eine Bettelgeste, mit der zunächst die noch blinden Welpen gegen die Zitzen der Mutter treten (Milchtritt) und später versuchen, mit Maulwinkelstoßen und den Pfoten die Mutterhündin zum Auswürgen zu reizen. Gerade Kinder reagieren auf diese Geste immer wieder besonders intensiv und glauben, daß der Hund „Bitte, bitte" oder auch „Männchen" macht.

Wird die Hand des Menschen abgeleckt, so wissen wir, daß der Hund uns als das stärkste Rudelmitglied akzeptiert und für ihn unsere Hand zur Ersatzschnauze wird. Wir sollten ihn ruhig lecken lassen und uns danach gründlich unsere Hände waschen.

Manche Hunde legen ihren Kopf oder ihre Pfote auf unser Knie. In ihrer ursprünglichen Form ist diese Geste ein Teil des Liebesrituals zwischen Hündin und Rüde. Hundefreunde und Hundefreundinnen sollten diesen Liebesbeweis, die Sprache der Zärtlichkeit, verstehen und den Hund so erziehen, daß er seine Liebesbeweise nicht übertreibt. Es kann sein, daß er seine Meute damit überschüttet oder sogar terrorisiert.

Wir sollten wissen, daß der Hund auf Ton, Sicht, Geruch, Geschmack und Berührung reagiert, er reagiert unmittelbar und wir erhalten die Antwort durch Bellen, Winseln, Jaulen oder Knurren. Bei allem spielen die Sinne bei der zwischenmenschlichen Verständigung die wichtigste Rolle.

Der Hund ist auf sein Geruchsvermögen viel stärker angewiesen als auf sein Sehvermögen, das relativ schwach ist. Mit seinem Geruchsvermögen erkennt er einzelne Gegenstände und Lebewesen sehr genau. In der Wildnis gewinnt der Beutejäger klare Vorteile, wenn er er seine Beute klar durch sein Geruchsvermögen identifizieren kann, ehe er sich auf eine anstrengende Jagd einläßt. Mehr als 10% vom Gehirn des Hundes sind ausschließlich dafür da, um Geruchsdaten zu verarbeiten. Beim Menschen sind es vergleichsweise nur 1% des menschlichen Gehirns.

Immer wieder glauben Menschen, daß Hunde einen ähnlichen Geschmack hätten wie wir selber und verfüttern Mittagsreste an den Hund. Unglücklicherweise paßt diese Menschenernährung in keinem Fall zum Verdauungstrakt des Hundes und erfüllt in keiner Weise die Anforderungen des Hundes an seine Ernährung. Ich denke, daß sich die wenigsten Hundebesitzer davon freisprechen können, ihrem Vierbeiner nicht auch einmal etwas vom Tisch abgegeben zu haben. Wer kann solchen treuen Augen schon widerstehen, die um einige Pommes Frites oder ein Stück Gegrilltes betteln und mit ihrer Pfote noch dadurch Nachdruck verleihen, daß sie sie uns auf den Schoß legen? Dieses Betteln hat jedoch weniger mit seinem Geschmack zu tun als vielmehr damit, daß sich der Hund an den jeweiligen Hundebesitzer angepaßt hat, der inkonsequent solche Fütterungsrituale immer wieder selber vornimmt.

Normal ist es allerdings - auch wenn wir voller Ekel dabei zurückschrecken - wenn Hunde ihre eigene Genital - oder Analpartie oder die ihrer Artgenossen ablecken. Oder wenn Hunde Vogelkot und tote Mäuse verzehren. Wir sollten uns immer wieder selber befragen: Projizieren wir menschliche Vorurteile auf das Verhalten unseres Hundes?

Die meisten Menschen glauben, daß unsere Hunde instinktiv körperliche Berührung lieben. Das kann allerdings zum Kurzschluß im gegenseitigen Verständnis führen. Natürlich mögen die meisten Hunde ein Streicheln und Kraulen, und die Empfindungen zwischen Mensch und Hund scheinen gleich zu sein. Doch oft sind sie auch völlig verschieden.

Für Hunde, die in der Welpenprägezeit keinen körperlichen Kontakt zum Menschen hatten, löst eine Berührung instinktiv Furcht aus, bewirkt Verteidigungsreaktion. Mit anderen Worten, ihrer Natur nach antworten Hunde auf Berührung auf eine von drei Arten: Sie erstarren, kämpfen oder fliehen. Nun werden Sie sich sicherlich wundern: „Aber ich dachte doch immer, Hunde wären soziale Meutetiere?" Das sind sie, man muß sich aber vor Augen halten, daß sich viele Verhaltensarten von Hunden, die im Wildzustand durchaus nützlich waren, für das Verhaltensinventar eines Haushundes negativ auswirken können.

Betrachten wir einen Wurf neugeborener Welpen. Bis zum Alter von 2 1/2 bis 4 Wochen krabbeln die Welpen alle übereinander, ohne untereinander irgendwelche Verteidigungsreaktionen auszulösen. Nach dieser Periode jedoch führt häufig Körperkontakt untereinander zu Abwehrhandlungen. Weshalb ändert sich das Verhaltensinventar auf so drastische Art? Aus einem

Grund: Neugeborene Welpen haben so wenig Möglichkeiten, ihre Körpertemperatur zu steuern, daß Kälte nahezu stets zum Tod führt; deshalb bietet das Auf- und Ineinanderkriechen eine Art Überlebensgarantie. Haben die Welpen erst einmal bis zum Alter von 4 Wochen ihren eigenen, die Körpertemperatur regulierenden Mechanismus voll entwickelt, treten demgegenüber die Gesetzmäßigkeiten natürlicher Auswahl in den Vordergrund. Die Welpen kämpfen um die Position innerhalb des Wurfes, später innerhalb des Rudels.

Um in der Wildnis zu überleben, müssen Hunde schnell dominante und sich unterwerfende Verhaltensmuster entwickeln. Schwächere Einzeltiere müssen dadurch ausgeschaltet, zumindest an einer Fortpflanzung gehindert werden. Deshalb sind die Reaktionen der Welpen auf Berührung anderer (Erstarren, Kämpfen oder Fliehen) entscheidend für die Frage, ob sie überleben oder nicht, welche Position sie innerhalb des Rudels einnehmen. Verhaltensforscher haben entdeckt, daß es die Dominierenden eines Wurfes am schwierigsten haben, andere Welpen dazu zu bringen, mit ihnen zu spielen, weil ihre Aggressivität entweder Erstarrung, Kampf oder Flucht bewirkt.

Wie lernen dann die Haushunde, nicht defensiv oder aggressiv zu reagieren, wenn sie berührt werden?

Man muß sie es lehren! Im allgemeinen passiert dies automatisch, zufällig. Werden Welpen in einer Etagenwohnung geboren, werden die Besitzer, ihre Kinder, Nachbarn und Verwandten sie in der Regel in die Hand nehmen, sie berühren, sobald sie ihre Augen geöffnet haben. Erfahrene Züchter berühren und spielen mit ihren Welpen zu ganz bestimmten Zeiten auf eigene Art vielfach täglich, um instinktive Verteidigungsreaktionen zu unterdrücken. Trotzdem, viele Welpen und Hunde machen leider keine solche Erfahrung. Wir alle haben schon jene scheuen Hunde gesehen, die in die hinterste Ecke eines Käfigs oder unter die Couch kriechen.

Du weißt, das sind die gleichen, von denen wir sicher sind, daß sie in unseren Armen voller Zufriedenheit dahinschmelzen, sobald wir sie aufgehoben haben. Achte aber darauf: Hunde oder Welpen, die ein solches Verhalten zeigen, sind in aller Regel solche, die außerordentlich unterordnungsbereit sind,; es sind Hunde, die Boden verloren haben, als die Rudelrangordnung aufgebaut wurde. Wie der aggressive Welpe, der an Dir hochklettert und anfängt, in Deine Schuhe zu beißen, kann auch der Scheue durchaus defensiv auf Deine Berührung reagieren. Anstatt mit zufriedenem Seufzen in Deinen Armen dahinzuschmelzen, könnte er durchaus Deine Bemühungen um ihn auch mit einem häßlichen Biß beantworten.

Achte bitte darauf, ich sagte, daß ein solcher scheuer Welpe wahrscheinlich defensiv reagiert, ebenso wie der dominante aggressiv. Halte Dir vor Augen, daß der dominante Welpe, der direkt auf Dich losläuft, seine Rangordnung im Rudel dadurch aufgebaut hat, daß er auf unerwünschte Berührungen seiner

Wurfgeschwister aggressiv antwortet. Während also der scheue Welpe defensiv auf Berührung reagiert, weil er beim Aufbau der Rudelordnung seine Prügel empfangen hat, wird der aggressive Welpe ebenso und vielleicht noch stärker reagieren, weil er gegenüber solchem Verhalten anderer viel weniger tolerant ist. Also gleich wie, es kann jeweils zum Biß führen.

Keine Erörterung der Berührung ist vollständig, ohne das Schmerzempfinden zu erklären. Anders als Menschen empfinden Hunde Schmerz nicht automatisch als schlecht. So werden zum Beispiel in Isolation aufgezogene Welpen wieder und wieder ihre Nasen in eine brennende Flamme stecken, selbst wenn sie sich mehrfach verbrannt haben. In natürlicher Umgebung lernen sie, auf Schmerz als Körpersignal zu reagieren, etwa ebenso wie der Autofahrer lernt, daß rote Ampeln `Stop´ bedeuten.

Schmerz signalisiert dem Hund `langsam´, `einige Tage nichts zu fressen´, `den verletzten Lauf einige Zeit nicht zu berühren´. Schmerz ist ein natürlicher Lebensretter, keine Drohung. Scheint ein Hund auf Schmerz zu reagieren, etwa bei Impfungen, Gefangenschaft oder kleineren Verletzungen, dann ist es viel wahrscheinlicher, daß er dies bei Menschen abgeschaut hat. Stößt ein Welpe bei der Impfung einen kleinen Überraschungsschrei aus (nicht Schmerz) und reagiert der Besitzer darauf mit eigener Ängstlichkeit, dann bewirkt er unwissend seinerseits eine negative Antwort des Welpen. Dadurch erhalten wir einen Hund, der es haßt, vom Tierarzt behandelt zu werden. Was gab es zuerst - den Hund, der es haßt, zum Tierarzt zu gehen oder die Besitzer, die es hassen, mit dem Hund zum Tierarzt zu gehen?

Ein Hund kann viel besser hören als Menschen. Er kann in einer Schwingungsbreite von 20 bis 50 000 Schwingungen je Sekunde hören, ein Kind im Vergleich dazu in einer Schwingungsbreite von 30 bis 20 000, ein älterer Erwachsener zwischen 50 und 8000 cps. Über 95% aller Hunde reagieren auf einen Ton mit 38000 Schwingungen je Sekunde. Ein Ton, der weit entfernt vom menschlichen Hörvermögen liegt. Man kann sagen, daß Hundeohren etwa vier- bis fünfmal so empfindlich sind wie unsere eigenen.

Hunde hören viele Töne, die wir nicht wahrnehmen und sie hören sie auch über eine längere Dauer als wir. Viele Hundebesitzer schreien laut nach ihrem Hund wie nach ihrem Kind. Der Hund fürchtet sich vor einem solchen Geschrei. Es klingt in seinen Ohren, als würde man einen Dreijährigen im Zählen unterrichten, indem man die einzelnen Zahlen so laut wie irgend möglich in sein Ohr schreit.

Für die Kommunikation zwischen Mensch und Hund ist der Blickkontakt und damit das Sehvermögen des Hundes von besonderer Bedeutung. Hundeaugen stehen weiter auseinander als die des Menschen. Daraus ergibt sich, daß Hunde ungefähr 20% weniger Geradeaussicht (binoculare Sicht), aber 70% mehr Seitensicht (peripherale) als der Mensch, haben. Das Hundeauge ist viel besser dem Erkennen der Bewegung angepaßt.

Die Körperhaltung signalisiert uns also, was der Hund uns sagen möchte: Ich hör dir zu, nimm dich in acht, ich spiel mit dir, ich bin zufrieden, ich habe Angst, tu mir nichts, ich tu dir auch nichts, ich freue mich, ich mag dich. Der Hund stellt seine Ohren auf, er neigt den Kopf, er bewegt die Rute, er beobachtet, er legt sich auf den Rücken, er klemmt seine Rute zwischen die Läufe, er erkennt die Autorität des Rudelführers Mensch an, er unterwirft sich, er ist wachsam und gehorsam, er geht in Verteidigungsposition. Und es gibt Hunde, die lächeln, wobei sie ihre oberen Lefzen zu einem Grinsen zurückziehen, wenn sie gerade ein Lob bekommen haben und glücklich und zufrieden sind.

Dieses Wissen um die Körpersprache des Hundes ist eine Voraussetzung zu einer guten Kommunikation zwischen Mensch und Hund. Doch viel wichtiger als jegliche Information über den Hund ist die Beziehung, die ich zu ihm habe. Es können eine Menge Fehler gemacht werden in der Erziehung des Hundes. Besteht jedoch eine starke Liebe zu seinem Tier, dann ist es eine Frage von Zeit und Geduld, daß Probleme gelöst werden, dafür garantiert die Liebe zu seinem Vierbeiner.

Grundvoraussetzungen für eine Verständigung von Mensch und Hund

Wissen und Einfühlsamkeit sind die Schlüssel, um die Kanäle einer Kommunikation Mensch/Tier zu öffnen und offen zu halten. Hierzu gehören:

- Das Wissen um die Sinnesleistungen unserer Hunde, insbesondere um die Unterschiede zu unseren eigenen.
- Einfühlsamkeit in jede Störung zwischen unseren Erwartungen und den Fähigkeiten unserer Hunde, darauf einzugehen.
- Das Wissen um normales Hundeverhalten im Vergleich zum normalen Menschenverhalten.

(Alle Angaben und Zitate auf den beiden letzten Seiten nach: M. Milani, Die unsichtbare Leine, Kynos Verlag.)

Wie ist es mit Hunden?

Die meisten Tierpsychologen empfehlen Trainingsmethoden, die auf positiver Verstärkung (Belohnung) von erwünschtem Verhalten basieren. Oder auch auf Reaktionsmuster, die es unmöglich machen, gleichzeitig die Unart zu zeigen.

Liebe Worte, Lob, Anerkennung, Augenkontakt - diese Art des Lernens (instrumentelle oder operante Konditionierung genannt) wird nicht nur das Verhältnis zum Hund festigen, sondern auch den nötigen Erfolg bringen.

Ein Wort an die Eltern

von Eberhard Trumler (Haustierbiologische Station Wolfswinkel, zitiert nach der Broschüre 12 Goldene Regeln, hg. vom SV und VDH, S.32)

Ich bin selbst unter Hunden aufgewachsen, ich durfte mit meinem Hund - wenigstens zeitweilig - im Bett liegen, ich durfte sogar vom Hund gebissen werden. Meine Eltern glaubten auch nicht daran, daß ihr einziges Kind durch die Hunde krank werden könnte, sie hielten eher das Gegenteil für möglich.

In derselben Weise sind auch bei mir gleich sieben Kinder groß geworden, sogar unter fünfzig bis hundert Hunden. Sie sind auch alle kerngesund. Auch ich habe mir nie etwas dabei gedacht, wenn sie ihren jeweiligen Lieblingshund auch mal vom Butterbrot abbeißen ließen, das sie gerade aßen.

Aber etwas haben mir meine Eltern, habe ich meinen Kindern nie erlaubt: Eigenmächtig an einem Hund herumzuerziehen oder ihn zu bestrafen. Sie sollten sich Gedanken darüber machen, woher das wohl kommen mag, wenn ein Kind derartige Tendenzen zeigt. Es könnte nämlich auch so sein, daß das Kind das, was es durch seine Eltern erfährt, an den in seinen Augen „rangniederen" Hund weitergeben will.

Bringen Sie bitte Ihrem Kind bei, daß der Hund kein „Prügelknabe" ist, sondern daß man seine Persönlichkeit respektieren muß. Der Hund wird umgekehrt das Kind richtig behandeln, wenn er sich als vollwertiges Familienmitglied fühlt. Es liegt im Interesse eines friedvollen Zusammenlebens, wenn Sie dem Hund dieses Gefühl geben. Dann wird er vor allem auch dem Kind ein geduldiger Spielgefährte, mehr noch: ein zuverlässiger Beschützer sein.

Zuletzt noch etwas ganz Wichtiges: Schenken Sie Ihrem Kind keinen Hund, weil er dann in den Augen des Kindes zu einer „Sache" wird. Geben Sie vielmehr dem Kind das Gefühl, daß der Hund ein Teil der Familie ist, daß man auf ihn dieselbe Rücksicht nehmen muß wie auf alle anderen Familienmitglieder.

Im Namen aller Kinder: Laßt sie mit Hunden leben!

Brief an alle Kinder

Einige von Euch besitzen schon einen Hund und kennen ihren vierbeinigen Spielkameraden. Einigen ist er sicher ein guter Freund geworden. Er begleitet Euch auf Spaziergängen, bewacht Euer Haus, liegt vielleicht sogar neben dem Kinderwagen Eures Bruders oder Eurer Schwester im Garten, weil er das Neugeborene beschützen will. Er spielt mit Eurer Katze oder vertreibt und jagt die Nachbarkatze und rennt hinter Eurem Ball her. Wenn Ihr selber keinen Hund besitzt, kennt Ihr aber sicher Bekannte oder Freunde Eurer Eltern, die einen Vierbeiner besitzen, dem Ihr manchmal begegnet. Ganz unterschiedlich kann er aussehen: groß oder klein, mit wuscheligem oder glattem Fell, weiß, schwarz oder in anderen Farben.

Viele Kinder haben die Erfahrung gemacht, daß man mit einem Hund sogar sprechen kann, wenn man sich die Zeit nimmt und auf ihn eingeht. Nicht immer könnt Ihr seine Antwort unmittelbar erkennen und es hat den Anschein, als würde er gar nicht antworten. Das stimmt aber nicht. Aus dem Verhalten der Hunde könnt Ihr erkennen, ob sie Euch verstanden haben und ob Ihr Euch so verständlich machen konntet, daß der Hund Euer Anliegen begreift. Und Ihr werdet erstaunt sein - vorausgesetzt Ihr nehmt Euch Zeit für Euren Hund - wie Ihr miteinander sprechen und Euch verständigen könnt.

Bedauerlicherweise gibt es immer noch eine ganze Reihe von Kindern, die Hunde nur vom Vorübergehen kennen. Einige Kinder haben dabei vielleicht schlechte Erfahrungen gemacht. Sie wurden böse verbellt, vielleicht sogar angeknurrt. Und weder Eure Mutter noch Euer Vater können dieses Verhalten so recht einordnen und wissen vielleicht gar nicht, warum ein fremder Hund offensichtlich unfreundlich war.

Vielleicht haben sie deshalb sogar Angst vor ihm. Und da man gelegentlich davon hört, daß Kinder auch gebissen wurden, verstärkt sich die Angst und Ihr geht mit Euren Eltern einem entgegenkommenden Hund auf dem Bürgersteig aus dem Weg. Oder vermeidet grundsätzlich den Kontakt zu Hunden, weil Eure Eltern ängstlich sind und Euch den Kontakt verbieten.

Ganz wichtig und auch richtig ist es, daß wir - Kinder und Erwachsene - fremden Hunden mit Respekt begegnen. Angst sollte allerdings niemand vor einem Hund haben.

Von Euren Spielsachen wißt Ihr, daß sie kaputt gehen können, wenn Ihr sie nicht richtig behandelt. Reißt Ihr Eurer Puppe den Kopf ab, dann muß sie bei einer Puppenmacherin repariert werden, verliert Ihr irgendwelches Zubehör zu Spielen, dann könnt Ihr mit Euren Freundinnen und Freunden nicht mehr weiterspielen, geht Ihr mit Eurem Fahrrad nicht vorsichtig um, dann muß es vielleicht in eine Fahrradwerkstatt und achtet Ihr nicht darauf, wohin Eure Skate-Roller oder Rollschuhe fahren, dann kann es gefährlich werden. Und wir wissen alle, wie gefährlich das Autofahren sein kann, wenn wir nicht genügend die Verkehrsregeln beachten. Alkohol am Steuer ist verboten, ebenso schnelles Fahren in Ortschaften. Es gibt Autofahrer, die diese Regeln nicht einhalten und auch durch Ortschaften fahren, in denen eindeutige Schilder stehen, die auf spielende Kinder hinweisen und darum bitten, höchstens mit 30 km/Stunde durch den Ort zu fahren. Viele Eltern und Erzieher wissen nicht, daß in Deutschland mehr als in jedem anderen Land der Europäischen Union Kinder durch den Straßenverkehr gefährdet sind.

Aus einer Studie des Deutschen Kinderschutzbundes und des Verkehrsclubs Deutschlands (VCD) geht hervor, daß mehr als 50 000 Kinder jährlich auf deutschen Straßen verunglücken und fast 14 000 Kinder durch Unfälle schwer verletzt werden. Mehr als 400 Kinder sterben.

Leider gibt es auch immer wieder sensationsheischende Presseartikel über Kinder, die von Hunden zerfleischt worden sind und leider viel zu wenige Beiträge, die darauf hinweisen, wie wichtig Tiere für Kinder - ganz besonders Hunde - in unserer heutigen schwierigen Zeit sind.

Vor Autos, deren Umweltbelastung und Zerstörung - denken wir daran, wieviele Tiere jährlich auf deutschen Autobahnen getötet werden - haben wir also keine Angst. Wir haben keine Angst vor dem Autofahren, weil wir uns bemühen, **REGELN** zu beachten und sie einzuhalten. Bei Hunden ist es ganz genauso. Wir müssen die Regeln gerade bei ihnen beachten, weil sie Lebewesen sind, so wie wir, und keine technischen Geräte wie die Autos.

Kinder und Hunde passen gut zusammen!

Das wissen „Hundeleute und Experten“ und viele Kinder haben schon davon gehört, daß es ganz innige Freundschaften zwischen Hunden und Kindern gibt. Vorausgesetzt, die Menschen beachten die Regeln im Umgang mit ihren Vierbeinern. Das gilt nicht nur für Euch, sondern für alle - große oder kleine, Hundebesitzer oder nicht, ob Ihr Hunden zufällig begegnet oder aber bereits einen festen Hausfreund besitzt und mit ihm ständig zusammenlebt.

Niemand ist daran interessiert, wenn es durch bloße Mißverständnisse zu Vorfällen zwischen Kindern und Hunden kommt. Deshalb scheint es mir wichtig, daß Ihr - gemeinsam mit Euren Eltern, zu Hause, vielleicht in der Schule mit Euren Lehrern oder auch im Kindergarten mit den Erziehern - über die folgenden Regeln diskutiert.

Hunde „denken“ ganz anders als Menschen. Sie können nicht so reden wie wir. Sie werden von ihren Trieben und den Verhaltensweisen geleitet, die sie vom Menschen gelernt haben.

So denken wie wir können sie nicht. Dafür können Hunde vieles, wozu wir Menschen nicht in der Lage sind: Sie hören viel besser als wir (sie hören Töne, die wir überhaupt nicht hören können). Sie riechen viel besser als wir (sie können Sachen erschnuppern, die wir Menschen nur mit ganz komplizierten Meßgeräten finden würden).

12 goldene Regeln für den Umgang von Kindern mit Hunden

1. Regel

Behandle einen Hund so, wie Du selbst behandelt werden möchtest. Auch Du magst es nicht, wenn man Dir an den Ohren oder an den Haaren zieht, versucht, Dir in der Nase herumzubohren, auf die Zehen tritt oder Dich auch nur einfach abknutscht, wenn Dir gerade nicht danach zumute ist. Und bitte: Schrei keinen Hund an!

Hunde können nicht reden, können nicht sagen:"Hör auf!", können sich nur mit ihren Zähnen wehren... und das kann sehr weh tun...

Weil Hunde besser riechen und besser hören als wir, sind sie sehr empfindlich, was ihre Nasen und Ohren angeht. Sie mögen es gar nicht gerne, wenn jemand Fremdes sie anfaßt, ehe sie ihm gezeigt haben, daß sie es möchten.

Und noch etwas: Hunde haben ein sehr gutes Gedächtnis. Ein Hund, der erst klein und putzig ist, hat später als große Dogge oder Bernhardiner nicht vergessen, wer ihn als Hundebaby mal geärgert hat.

2. Regel

Ein Hund kann noch so lieb aussehen - geh nicht (ohne zu fragen) zu ihm hin. Wenn der Hund will, wird er schon von selbst zu Dir kommen. Viele Hunde lieben Kinder, weil man so gut mit ihnen spielen kann.

Aber: Woher soll der Hund wissen, daß ausgerechnet Du es gut mit ihm meinst. Vielleicht ist gerade dieser Hund von einem Kind mit blauer Hose und langen Haaren schlecht behandelt worden und nun meint er, alle Kinder, die so aussehen, sind nun mal mit äußerster Vorsicht zu genießen.

Vielleicht hat auch Nachbars Peterle (der sieht beinahe so aus wie Du) mit Steinen nach ihm geworfen. Woher soll er wissen, daß Du das nicht tust?

Oder die kleine Karin von gegenüber (sie ist genauso groß wie Du) hat ihn erst gestern so böse am Schwanz gezogen. Das hat ihm sehr weh getan - woher soll er wissen, daß Du ihm nicht am Schwanz ziehen willst?

Man kann nie wissen, welche Erfahrungen ein Hund schon gemacht hat. Also besser: Nie zu ihm hingehen (ohne sein Frauchen oder Herrchen zu fragen, wenn sie gerade dabei sind).

Und außerdem: Wenn ein Hund auf seinem Platz in der Wohnung oder in seiner Hütte liegt - dann will er meist in Ruhe gelassen werden.

Das Lager des Hundes ist sein Reich - störe ihn dort nicht.

3. Regel

Vermeide alles, was ein Hund als Bedrohung auffassen könnte.

Zunächst etwas Grundsätzliches: Der Hund betrachtet uns Menschen als eine Art „Superhunde". Wir sind zwar ein wenig anders als er, aber wir leben mit ihm zusammen - also müssen wir etwas Ähnliches sein.

Jeder Hund ist glücklich, wenn er in einer (hoffentlich vom Menschen bestimmten) Rangordnung leben darf und seinen bestimmten Platz hat.

Die Besseren oder Stärkeren sind über ihm, die Schwächeren oder Schlechteren rangieren eben weiter unten und müssen ihm gehorchen.

Wenn wir jetzt grundlos einen Hund bedrohen, stellen wir seine geliebte Rangordnung in Frage. Und die gilt es zu verteidigen!

Es gibt für ihn nur zwei Möglichkeiten: Entweder er kneift oder - was wahrscheinlicher ist - er kämpft! Und wie! Ein richtig wütender Hund ist kaum zu bremsen.

Und wir sehen bei so einem Kampf nicht sehr gut aus. Abgesehen von der Schnelligkeit eines Hundes! Schau' Dir seine Zähne an und dann Deine eigenen. Wir Menschen sind dem Hund durch unsere Klugheit überlegen - aber die hilft in so einem Kampf herzlich wenig.

Also besser: Einen Hund nicht herausfordern! Drohgebärden unterlassen!

4. Regel

Schau einem Hund nicht starr in die Augen.

Schau auf die Ohrenspitzen, auf seine Schnauze, oder schau sonstwo hin - nur nicht direkt in die Augen.

Wenn sich zwei fremde Hunde begegnen, so versuchen sie sich zuerst über ihre Stellung in der für sie so wichtigen Rangordnung zu einigen.

Dazu gibt es verschiedene Mittel. Das „sich in die Augen gucken" ist ein ganz wichtiges Mittel. Die beiden Hunde starren sich in die Augen, einer dreht den Kopf weg, der andere ist zufrieden und beide sind glücklich, daß sie nicht kämpfen müssen.

So einfach ist das.

Kann sich keiner entschließen, wegzusehen - nun, dann muß eben gekämpft werden, um den Rang zu behaupten (s. auch Regel 3).

Und mit jedem gewonnenen Kampf steigt ein bißchen das Ansehen, man klettert in der Rangfolge.

Wie schon gesagt: Wir sehen in einem Hundekampf nicht eben gut aus.

Besser, wir signalisieren dem Hund: „Wir sind so gut, wir haben es gar nicht nötig, das unter Beweis zu stellen" und...

sehen dem Hund nicht direkt in die Augen!

5. Regel

Komm nicht in die Schwanznähe, versuche, nicht daran zu ziehen und trete nicht darauf.

Es ist für uns nicht ganz so einfach zu begreifen, was der Schwanz dem Hund bedeutet, weil wir so etwas nicht haben.

Klar ist, daß der Schwanz für den Hund unter anderem ein wichtiges

Ausdrucksmittel ist. So wie wir unsere Sprache mit den Händen unterstreichen, ergänzt der Hund seine „Sprache“ mit dem Schwanz.

Normalerweise wird dieses mehr oder weniger lange, gerade oder geringelte Körperteil, leicht hin- und herwedelnd durch die Gegend getragen.

Wird der Schwanz jedoch zwischen die Beine geklemmt, ist besondere Vorsicht am Platze. So zeigt der Hund nämlich, daß er Angst hat und ängstliche Hunde schnappen schnell nach allem, was sich vor ihrer Nase bewegt.

Das Gleiche gilt für den Fall, daß der Hund den Schwanz wie ein Verkehrszeichen steif und gerade hoch oder nach hinten streckt. Das bedeutet: „Achtung - ich bin gerade furchtbar böse. Wenn ich nicht in Ruhe gelassen werde, werde ich mit meinen Zähnen für Ordnung sorgen.“

Beinahe unnötig zu sagen, daß so gut wie jeder Hund unglaublich stolz auf sein prachtvolles Ende ist; es gar nicht gerne hat, wenn man danach greift (man könnte ihm ja etwas tun) und es notfalls verteidigt. Also:

Hände weg vom Schwanz!

6. Regel

Störe keinen Hund beim Fressen. Versuche unter gar keinen Umständen, ihm sein Futter wegzunehmen.

Fressen ist für jeden Hund etwas ungeheuer Wichtiges.

Er ist durchaus in der Lage, zu Hause den Kühlschrank zu leeren, anschließend in der Nachbarschaft zu betteln, um dann - wenn er bestimmt nichts mehr herunterbringt - die Reste für Notzeiten im Tulpenbeet zu vergraben oder unter dem Sofa zu verstecken.

Schon als kleines Baby lernt unser „Bello“, sich mehr oder weniger heftig um das Futter zu streiten. Ein sehr gescheiter Mensch, der Forscher Eberhard Trumler, hat das genau beobachtet und beschreibt es so: „Untereinander raufen die Welpen (so nennt man Hundebabys) schon sehr nachdrücklich um die besten Stücke und man kann die sehr ausgeprägten Verhaltensweisen der Abwehr mit Fellsträuben, Knurren, Abwehrschnappen und anderes mehr beobachten.“ (E. Trumler, Hunde ernst genommen, München 1981).

Auch als erwachsener Hund wird „Bello“ sehr nachdrücklich sein gutes Recht auf das heißbegehrte Futter behaupten.

Etwas wegnehmen darf ihm allerdings nur der alleroberste Häuptling. Der hat aber seinen vierbeinigen Freund meist so gerne, daß er ihm so etwas Gemeines nur im alleräußersten Notfall zumuten würde.

Jede Störung beim Fressen betrachtet der Hund als Angriff auf sein Recht auf Futter und das darf er einfach nicht hinnehmen. Er wird sein Futter verteidigen - und das mit allen Mitteln.

Wieder einmal: Wir sehen bei einem Streit mit dem Hund nicht so gut aus. Außerdem - so doll ist Hundefutter nun gerade auch nicht. Also:

Finger weg vom Freßnapf!

7. Regel

Wenn du mit einem Hund spielst, achte darauf, den Zähnen nicht zu nahe zu kommen! Hunde spielen schrecklich gern!

Sogar alt und grau gewordene Hundeopas und -omas werden scheinbar wieder jung, wenn es gilt, einem Stöckchen oder Bällchen hinterher zu laufen.

Es gibt für Hunde nichts Schöneres, als etwas zu fangen oder zu erjagen, es dann festzuhalten, darum spielerisch zu kämpfen, um es zu verteidigen.

Dabei kann es leicht passieren, daß das Tier im Eifer einmal mit den Zähnen daneben schnappt.

Das ist zwar nicht böse gemeint, tut aber ganz schön weh!

Vielleicht hat der Hund als Baby auch nicht gelernt, wie fest man den „Menschenhund“ denn überhaupt anpacken darf. Deshalb ist es auch wichtig, daß der kleine Welpe mal in die große Zehe oder die Hand kneifen darf - aber nicht vergessen, rechtzeitig laut „Aua“ zu brüllen oder ihn das Kommando „ganz zart“ zu lehren. Sonst beißt der erwachsene Bello einmal fester zu als er es selbst will, und ist nachher traurig, daß das schöne Spiel so schnell vorbei war.

Grundsätzlich ist es beim Spielen sicherer und besser, den Zähnen nicht zu nahe zu kommen.

8. Regel

Versuche nie, raufende Hunde zu trennen!

Viele Hunde spielen auch gerne mit anderen Hunden. Dabei kann es ihnen so gehen wie es manchmal auch Euch geht: Plötzlich wird aus dem Spiel Ernst. Ein Wort gibt das andere - und schon ist eine handfeste Rauferei im Gange.

Außerdem hast Du inzwischen schon gelernt, daß es noch einige andere Gründe gibt, warum Hunde kämpfen:

...wenn es um die Rangordnung geht,

...wenn es um das Futter geht,

...wenn sich der Hund verteidigen muß.

Ein kämpfender Hund konzentriert sich nur auf seinen Gegner. Das heißt: Er hört nicht mehr und läßt sich nicht ablenken.

Er ist im Kampf blind, taub und gefühllos. Darum merkt er nicht, wenn er in eine Hand beißt, die ihm helfen will. Darum kannst Du nur eines tun: Hole zwei Erwachsene zu Hilfe.

Auch die „Großen“ müssen vorsichtig sein, wenn Hunde kämpfen. Einer allein darf nie versuchen, zwei vierbeinige Raufbolde zu trennen.

Darum gilt für Dich: Auch wenn sich so ein Hundekampf ziemlich schlimm anhört und böse aussieht - nie dazwischen gehen. Bleib außer Reichweite. Hole Hilfe. Hundestreitereien wirken meistens viel gefährlicher als sie sind.

9. Regel

Egal, ob Du Angst hast oder nicht. Laufe nie - unter gar keinen Umständen - vor einem Hund davon.

Erstens ist der Hund sowieso schneller. Es gibt Hunde, die können ein schnelles Fahrrad oder ein Mofa überholen.

Zweitens hat jeder Hund einen Hetz- oder Jagdinstinkt. Dafür kann er nichts. Das ist etwas, das in jedem Hundetier drinnen steckt. Wenn sich jemand - oder etwas - schnell von ihm entfernt, dann muß er einfach hinterher, so schnell es geht, um es - oder ihn - festzuhalten.

Schon schlechter, wenn Du das zufällig bist.

Zwar geben sich viele Herrchen und Frauchen Mühe, ihrem Vierbeiner beizubringen, daß er keinem hinterherläuft. Es kann aber immer wieder vorkommen, daß die Natur mit ihm durchgeht. Dann sieht es so aus, als sei alles umsonst gewesen und es heißt: Der schlimme Hund ist unterwegs.

Da hilft es übrigens auch nicht, auf eine Bank, einen Tisch oder sonst was zu klettern. Wo Du hinkommst, kann der Hund meist auch hin. Er kann nämlich nicht nur sehr gut laufen, sondern meist auch erstaunlich gut springen und klettern.

Also: Nie - unter gar keinen Umständen - vor einem Hund davonlaufen! Ruhig stehenzubleiben macht Dich für den Hund uninteressant.

10. Regel

Du hast zwei Hände. Der Hund hat nur seine Zähne, um etwas festzuhalten! Wenn ein Hund nach Dir greift, halte still. Es mag noch so blöd klingen. Trotzdem: nicht bewegen - still halten.

Wenn ein Hund versucht, Dich festzuhalten, hat er mit Sicherheit Gründe dafür:

- Möglicherweise hat er Angst und will Deine Hand festhalten, damit sie ihm nichts tut,
- oder er will verhindern, daß Du ihm davonläufst,
- vielleicht hast Du ihn geärgert, ohne es selbst zu wissen und nun will er Dir zeigen, wer der Stärkere ist,
- oder er wollte einfach nur mit Dir spielen und ist so blöd, daß er nicht weiß, wie man so etwas macht und kann nicht wissen, daß Deine Haut so dünn ist.

Die meisten Hunde wollen gar nicht beißen, sondern nur festhalten.

Das piekst zwar mehr oder weniger stark, gibt vielleicht auch mal kleine Löcher, ist aber gar nicht schlimm, wenn man still hält, größere Wunden gibt es nur, wenn man wegreißt.

Schau Dir mal so ein Hundegebiß an. Alle größeren Zähne zeigen nach innen. Klar, wenn man da versucht, etwas herauszuziehen, bleibt man hängen und das gibt dann schon größere Löcher.

Widerstand reizt den Hund nur weiter. Etwas, das sich nicht bewegt, ist für Hunde uninteressant.

Also: Nicht bewegen - still halten!

11. Regel

Wenn Du mit einem Hund spielst, achte sicherheitshalber darauf, daß ein Erwachsener in der Nähe ist.

...auch wenn's schwer fällt: Hunde sind zwar phantastische Spielkameraden. Dabei kann es aber vorkommen, daß sie vor lauter Spielen vergessen, daß das Fell von den „Menschenhunden" dünner ist als das eigene. Oder sie wollen es einfach nicht loslassen (wie das Deinem großen Bruder, Deiner Schwester oder Deinem Freund oder Deiner Freundin auch manchmal so einfällt). Wie gut, wenn man dann jemanden zu Hilfe rufen kann.

Erwachsene sind nun mal größer und meist kräftiger als Kinder. Das bedeutet auch für den Hund ganz automatisch, daß sie auch ein bißchen mehr zu sagen haben.

Hunde sind in ihrer Art „gescheite" Tiere. Sie „denken" anders als wir. Darum verstehen sie auch unsere Sprache nicht. Das führt gelegentlich zu Unstimmigkeit. Denk daran.

Bei einem Streit mit einem Hund kann ein Erwachsener zu Deinen Gunsten entscheiden.

Wenn Erwachsene in Zusammenhang mit einem Hund etwas verbieten, muß das unbedingt befolgt werden. Die sagen das nicht um Dich zu ärgern, sondern aus Sorge um Dich.

Also: Nur mit dem Hund spielen, wenn ein Erwachsener dabei ist.

12. Regel

Kein Hund ist wie der andere:

...nicht mal, wenn's Zwillinge sind. Fritz und Franz sind Zwillinge. Das heißt, sie sind nicht nur Brüder, sondern auch auf den Tag genau gleich alt. Sie sehen sich zum Verwechseln ähnlich.

Trotzdem kann man mit dem Fritz ganz toll spielen. Mit dem Franz gibt's aber immer noch Streit. So verschieden sind die beiden.

Das ist bei Hunden ganz genauso. Ein Dackel ist freundlich - ein anderer knurrt. Kurz gesagt:

- Zwei Hunde, die gleich aussehen, können ganz verschieden sein.

Darum mußt Du jeden Hund neu kennenlernen. Zeigt Dir der Hund, daß ihm Deine Bekanntschaft nicht angenehm ist - laß ihn.

Versuche nie, ihn trotzdem zu streicheln oder gar zu umarmen. Du weißt ja nicht, ob er nicht schon schlechte Erfahrungen mit Kindern gemacht hat (siehe auch 2. Regel).

Aber keine Angst: In den meisten Fällen sind Hunde freundlich, wenn Du nett zu ihnen bist. Schlecht ist nur, wenn Du gerade dem einen begegnest, der nicht so freundlich ist.

Darum denk daran: Kein Hund ist wie der andere. Bei jedem Hund mußt Du erst mal herausfinden, ob er Dich mag.

Wenn du Dich nach diesen Regeln richtest, dürfte es mit Hunden keine Probleme geben.

Es gibt nur ganz wenige Hunde, die von sich aus böse sind. Hundefachleute sind sich einig: Wenn ein Hund einem Menschen unfreundlich begegnet, haben Menschen etwas falsch gemacht.

Normalerweise sind Hunde wie nette Kumpel.

Erfahrungen und Angebote aus dem Kindergarten

Die größten Schwierigkeiten für das Bemühen von Lehrern und Erziehern, Kinder hautnah mit Hunden zusammenzubringen, ihnen dabei Wissen über Hunde zu vermitteln, liegen bei Politikern, Behörden und Ministerien. Man ermöglicht Eltern mit einem gestörten Verhältnis zu Hunden, diese Aktivitäten verbieten zu lassen.

Diese Möglichkeit, Hunde in Kindergärten und Schulen als „Anschauungs- und Lernmaterial" zu nutzen, steht und fällt mit dem Sachverstand und Engagement der Verantwortlichen in den zuständigen Gremien. Es gibt hier Beispiele eklatanten Versagens durch Verstecken hinter Formalien.

Bei meinen Gesprächen zum Thema „Umgang mit Hunden" kam ich auch in verschiedene Kindergärten. Dabei erhielt ich folgende Arbeit, die Birgit Kaminski vor einiger Zeit als Prüfungsarbeit für ihre Erzieherinnen-Prüfung vorgelegt und mit acht Kindern durchgeführt hat. Der Transparenz halber zitiere ich umfangreich aus diesem „praktisch-pädagogischen Angebot" für den Kindergarten:

„...und deshalb habe ich einen Hund!"

Aufgabe:	Geben Sie den Kindern die Möglichkeit, eine/verschiedene Bedeutung(en), die der Hund für den Menschen haben kann, zu erfahren.
Bildungsbereich:	Natur- und Sachbegegnung
Querverbindung:	Sozialverhalten Muttersprache Bildnerisches Gestalten
Kindergruppe:	
Zahl:	Die Gruppe besteht aus acht Kindern.
Alter:	Die Kinder sind zwischen fünf und sechs Jahren alt.
Geschlecht:	gemischt

Begründung der Gruppenzusammensetzung:

- Ich habe Yasmin ausgewählt, weil sie sehr wenig Erfahrungen im Umgang mit Hunden hat. Sie kann von den Erfahrungen der anderen Kinder profitieren. Die Arbeit in dieser Gruppe wird sie zum Mitarbeiten anregen, denn einige Kinder wissen, wie sie die bequeme Yasmin zum Arbeiten bewegen können.
- Bernd habe ich in die Gruppe genommen, weil er sehr begeistert von Hunden ist, aber die „Kehrseite" des Hundebesitzerseins nicht kennt. Er ist sehr spontan und wird in dieser Gruppenzusammensetzung Zurückhaltung und Unterordnung lernen, da noch mehr dominante Kinder in der Gruppe mitwirken.
- Thilo habe ich in die Gruppe aufgenommen, weil er interessante Beiträge zum Thema bringt, doch gleichfalls für eine ruhige Atmosphäre sorgt. Er hat eine sichere und doch spontane Art, Einfälle zu äußern.
- Thomas wurde von mir ausgewählt, weil er sehr intelligent ist, ihm aber viele Kenntnisse und Erfahrungen über Hunde fehlen. Er ist sehr zurückhaltend, wird aber von der Restgruppe aus der „Reserve" gelockt.
- Doris habe ich für meine Beschäftigung ausgewählt, weil sie sehr fähig ist, Gedankengänge verbal zu äußern. Die Restgruppe kann also von ihren Formulierungen noch etwas lernen. Außerdem sind ihre Zeichnungen sehr gut erkennbar und somit sehr wertvoll für das gemeinsame Gespräch über die Bilder.

  Doris zeigt gutes Sozialverhalten, welches wiederum die Restgruppe zum Vorbild nehmen kann.
- Ines wurde von mir in die Beschäftigungsgruppe aufgenommen, da sie im Sozialverhalten sehr vorbildlich reagiert. Sie hat ein relativ großes Wissen über Hunde, da sie diese Tiere begeistern.

  Ines hat außerdem eine ruhige Art, etwas mitzuteilen, so daß sie zu einem „Ruhepol" in der Gruppe werden kann.
- Meine Wahl fiel auf Helmut weil er sehr nahen Kontakt zu einem Nachbarhund hat und so mit Erfahrungen zum Thema beitragen kann. Allerdings bedarf es bei Helmut noch an Schulungen des Sozialverhaltens und der Beseitigung seiner Bequemlichkeit. Die Behandlung dieser beiden Punkte sind in der jetzigen Gruppenzusammensetzung recht gut möglich.
- Ich habe Jessica ausgewählt, weil deren Großeltern einen Hund besitzen. Da Jessica zu ihnen einen engen Kontakt hat, weil die Großeltern bei ihr im Haus wohnen, weiß sie eine Menge über Hunde. Jessica kann ihre unmittelbaren Erfahrungen an die Restgruppe weitergeben. Auch ihre Mal- und Sprachfähigkeiten sind zur Nachahmung geeignet.

Ich habe gerade diese Gruppenzusammensetzung gewählt, weil die Kinder in der Lage sind, diese Aufgabe zu bewältigen. Außerdem haben diese Kinder auch an meinen anderen sieben praktisch-pädagogischen Angeboten teilgenommen und verfügen somit schon über Vorkenntnisse in bezug auf Hunde.

Zeit: 35 - 40 Minuten

Durch die Zusammenarbeit von Erwachsenen und Kindern wird den Kindern vermittelt, welche Bedeutung ein Hund für den Menschen haben kann. Ich habe bewußt darauf geachtet, eine Bedeutung auszuwählen, die auf die Kinder bezogen ist. Da ich noch nicht über besonders ausgebildete Hunde (Polizeihund, Blindenhund, Hirtenhund und einige mehr) gesprochen habe, sondern nur über Hunde, die jeder haben kann, fiel meine Wahl auf einen unausgebildeten Hund.

Würde ich über ausgebildete Hunde sprechen, so müßte ich die Stunden entweder theoretisch durchführen oder einen Fachmann oder eine Fachfrau beteiligen. Das Zweite ist mir in dieser speziellen Beschäftigung nicht möglich, da die ausgebildeten Hunde nur auf „ihr Herrchen“ hören. So wäre eine Demonstration unmöglich, ohne daß mir die Leitung aus der Hand genommen würde.

So fiel meine Wahl auf die Bedeutung des Hundes als Freund - Kamerad - Familienmitglied.

Ich möchte den Kindern die Möglichkeit geben, diese Bedeutung zu erfassen.

Sie werden nicht nur erfahren, wie ein Hund Familienmitglied werden kann, sondern auch, aus welchen Gründen manche Menschen zu einem Hund kommen.

Sie lernen, daß es nicht nur wichtig ist, tierlieb zu sein, sondern sie sollen auch begreifen, daß man das Tier versorgen muß und eine gewisse Verantwortung trägt, wenn man Hundebesitzer ist.

Sie sollen die Pflichten eines Hundebesitzers verdeutlicht bekommen:

- Regelmäßiges Hinausgehen, auch bei schlechtem Wetter.
- Besuche können nur gemacht werden, wenn die zu Besuchenden gegen Hunde nichts haben.
- Die Gesundheit muß überprüft werden (Stuhlgang).
- Man kann nicht in Urlaub fahren, wenn man keinen Ort für seinen Hund hat (s.o.).

Die Beschäftigung ist so aufgebaut, daß sie sich auf einen Hund bezieht, den die Kinder kennen. So ist ihnen die Möglichkeit des gedanklichen Nachvollziehens gegeben.

Die Kinder sollen fähig werden, diese Erfahrungen über die Hunde auf die Anschaffung anderer Haustiere zu übertragen.

Vermutlich vorhandene Erfahrung

Die Kinder haben alle verschiedene Erfahrungen mit Hunden gemacht. Jessica hat zu Hause den Hund ihrer Großeltern, um Erfahrungen zu sammeln. Helmut hat Kontakt zu einem Nachbarhund und auch die anderen Kinder hatten schon Kontakte - bei unterschiedlichsten Empfindungen - mit Hunden.

Eine Erfahrung haben jedoch alle Kinder gemeinsam: Sie alle kennen den Hund Ajax, der einmal einen ganzen Morgen im Kindergarten verbracht hat. Ajax´ Besuch hatte stattgefunden, damit mögliche Angst vor Hunden abgebaut werden konnte. Die Kinder hatten zwar alle die äußere Grundvoraussetzung, aber keinesfalls mit den gleichen Gefühlen. ...

Ich glaube kaum, daß sich die Kinder schon einmal richtige Gedanken über die Bedeutung des Hundes für den Menschen gemacht haben. Meiner Meinung nach haben die Kinder den Eindruck, der Hund sei zum Schmusen da und zum Spazierengehen. Aber die wahre Bedeutung des Hundes als Freund-Partner-Familienmitglied ist ihnen fremd. Hinzu kommt, daß keines der Kinder einen eigenen Hund hat. So wird es an Erfahrungen mangeln.

Vermutlich vorhandene Motivation

Alles, was zum Thema „Hund“ gehört, wird von den Kindern begeistert aufgenommen. So wird auch dieses praktisch-pädagogische Angebot das Interesse der Kinder wecken. Eine zusätzliche Motivation bietet das Erscheinen von Ajax und der Wiesenspaziergang.

Besonders praktische Übungen mit dem Hund erregen die Neugierde und das Interesse der Kinder. Da Ajax quasi als Überraschung eingesetzt wird, werden die Kinder das Wiedersehen voll genießen. Es kommt durch die eigene Aktivität - s.o. ein Bild zu malen, Gesammeltes zum Thema „Hund“ an die Magnettafel zu heften und die Möglichkeit, den Hund an der Leine zu führen, zu Erfolgserlebnissen. Das entspricht ganz den Bedürfnissen der Kinder.

Ziele:

Richtziel:	- Die Kinder sollen die Erkenntnis erlangen, daß Haustiere keine Spieltiere sind und man mit ihrem Erwerb eine gewisse Verantwortung übernimmt
Grobziel:	- Kennenlernen verschiedener Bedeutungen des Hundes für den Menschen
Feinziele:	- Die Kinder sollen Kenntnisse über die Bedeutung des Hundes als Freund-Partner-Familienmitglied des Menschen erwerben - Sie sollen die Fähigkeit entwickeln, Äußerungen der anderen Kinder zu tolerieren, die Kinder ausreden zu lassen und sich gegenseitig zuzuhören - Sie sollen Vermutungen äußern, aus welchen Gründen die Kindergärtnerin den Hund mitgebracht hat:

Ich habe einen Hund, weil...
- ich tierlieb bin
- ich bereit bin, Zeit zu opfern
- ich ihn in mein Leben miteinbeziehen möchte
- meine nähere Umwelt bereit war, den Hund anzuerkennen
- ich den Hund sofort mochte
- ich mir immer Hunde gewünscht habe
- der Hund allein war und jemanden brauchte
- der Hund Einsamkeit vertreibt
- der Hund zu Hause auf mich wartet
- der Hund sich freut, wenn wir spazieren gehen
- der Hund trösten kann
- der Hund mir meine Angst nimmt

Sie sollen lernen, daß es nicht nur schön ist, einen Hund zu haben, sondern daß er auch Umstände macht:
- Körperpflege
- nicht in Urlaub fahren, wenn man keinen Ort für den Hund hat
- Gesundheits- bzw. Stuhlkontrolle
- wegen des Hundes nicht überall hingehen können

Nur wenn man auch dazu bereit ist, kann man einen Hund halten.

Die Kinder sollen erkennen, wie man die Hundeleine hält und die Bedeutung des Befehls „Bei Fuß“ verstehen („Bei Fuß“ - der Hund geht links neben dem Begleiter).

Sie sollen lernen, einen Hund an der Leine spazieren zu führen.

Aufbau des praktisch-pädagogischen Angebotes

1. Hinführungsphase:
Hier wird die Geschichte des Hundes Ajax erzählt. Eines Tages waren Alex, Rudi und Claudia auf dem Weg zum Kindergarten. Sie waren fast am Kindergarten angelangt, als sie ein klägliches Winseln hinter sich hörten. Alex drehte sich um und entdeckte einen kleinen schwarzen Hund. „Der ist uns sicher nachgelaufen“, sagte Rudi.
„Ja“, sagte Claudia, „das glaube ich auch. Oh, ist der süß. Wir nehmen ihn am besten mit in den Kindergarten.“ Und das taten die drei Kinder dann auch. Die Kindergärtnerin gab ihnen etwas Wasser für das Hundekind. Anschließend rief sie bei der Polizei und beim Tierheim an. Doch nirgendwo wurde ein kleiner schwarzer Hund vermißt. Die Kindergärtnerin nahm den kleinen Hund mit nach Hause. Er bekam eine Decke, einen Freßnapf und viele andere Dinge, die ein Hund sonst noch braucht. Er und die Kindergärtnerin lebten dort glücklich und zufrieden. Und ob ihr es glaubt oder nicht: Sie leben auch heute noch zusammen.

2. Erarbeitungsphase:
Die Kinder erzählen die Geschichte nach und heften dabei Magnetfiguren - entsprechend der Geschichte - an die Magnettafel.

3. Vertiefungsphase:
Der schwarze Hund Ajax erscheint mit seiner Begleiterin als Überraschungsgast im Kindergarten. Die Kinder machen selbst Erfahrungen mit Ajax und überlegen, welche Bedeutung er für sie haben kann.

4. Abschlußphase:
Gemeinsamer Spaziergang mit Ajax auf dem nahegelegenen Sportplatz. Kinder, die das möchten, dürfen ihn dabei an der Leine führen.

Äußerungen von Erzieherinnen

„Speziell über Hunde haben wir noch nicht gesprochen, sondern eher über Tiere allgemein. Wir hatten einmal eine kleine Gans im Kindergarten, die haben wir großgezogen. Die Gans hatten wir auf dem Viehmarkt gekauft. Die Eltern der Kinder waren sehr engagiert, haben einen Stall gebaut, für Futter gesorgt, den Stall gesäubert. Es gab Eltern, die aus der Großstadt, zum

Beispiel von Köln, hierher auf's Land gezogen sind und keinerlei Bezug zu einem Tier hatten. Nicht einmal das Küken konnten sie anfassen. Sie kannten so ein Tier einfach nicht. Mit der Gans haben wir sehr positive Erfahrungen gemacht. Bewegungsunruhige, zappelige und motorische Kinder zum Beispiel waren plötzlich wie umgewandelt. Sie saßen da, die kleine Gans auf dem Schoß, zwanzig Minuten waren sie vollkommen still. Sie streichelten die Gans und sprachen mit ihr und waren richtig fasziniert."

„Es gibt auch Auflagen, daß wir einen Hund nicht einfach in den Kindergarten mitnehmen dürfen. Vor allem aber spielen die Eltern eine Rolle..., es gibt ja auch inzwischen immer mehr Kinder, die mit Allergien zu tun haben."

„Überall begegnen wir Hunden, in Geschäften, auf dem Campingplatz, in der Sparkasse, in der Pension und im Hotel, auf Bauerhöfen, in Stadtparks, sogar in manchen Restaurants. Wir können ihnen nicht entweichen. Mir scheint es wichtig, gegen die Angst und Uninformiertheit - vor allem der Mütter - etwas zu tun. Ich glaube, daß sie vor allem die Ängste gegenüber Hunden auf ihre Kinder übertragen."

„Es gibt zwar einige Bilderbücher für Kinder - meistens sind es Fotobilderbücher - aber wenn ich darüber nachdenke, dann gibt es eigentlich wenig zum Thema \`Kinderverhalten/Hundeverhalten´."

„Wir haben einige sehr verhaltensauffällige Kinder. Ich könnte mir vorstellen, daß der Umgang mit einem Hund und das Verantwortungsbewußtsein für ihn einen hohen pädagogischen Stellenwert gerade auch für diese Kinder hätte..."

„Ich glaube, daß es sehr darauf ankommt, wie die Leiterin eines Kindergartens zum Hund eingestellt ist. Entweder hat sie selbst Angst, dann wird das Thema tabuisiert, oder sie mag Hunde und geht das Thema an. Wir hatten einen aktuellen Anlaß, über das Thema zu reden. Der Hund eines Kindes ist letzte Woche gestorben. Wir haben die Trauer des Kindes dadurch ein wenig auffangen und abbauen können, daß wir das Kind in der Gruppe erzählen ließen. Die Kinder waren interessierte Zuhörer..."

„Wir hatten eine Praktikantin, die zu dem Thema „Hund und Kind" ihre Prüfung gemacht hat. Sie brachte damals einen Hund mit in die Einrichtung und die Kinder durften das Tier bürsten und streicheln. Es wurde dann über die Pflege des Hundes gesprochen. Ich denke, daß einige Kinder ihre Ängste durch den Kontakt und das Streicheln des Hundes abbauen konnten."

Einige Gedanken zum Schluß

Während der Recherchen zu diesem Buch habe ich mit unterschiedlichen Menschen gesprochen und einige Geschichten über ihre Hunde, aber auch über sie selber erfahren. Vielen Gesprächen konnte ich entnehmen, wie schwierig die Kommunikation unter Menschen und der Umgang mit Konflikten geworden ist. Es gibt komplizierte Eltern-Kind-Beziehungen, die noch schwieriger werden, wenn sich die Eltern nicht verstehen. Selten erleben Kinder, daß Eltern ernsthaft an ihrem Zusammenleben und einer dauerhaften Beziehung arbeiten. In unserer Gesellschaft scheint eine Scheidung oft die einfachste und bequemste Lösung. Die Leidtragenden dieser Trennungsprozesse sind immer die Kinder.

Was hat das alles mit mit dem Thema dieses Buches zu tun? Ich behaupte: Wenn die Verständigung zwischen Menschen schon dermaßen schwierig geworden ist, um wieviel schwieriger muß dann der Umgang mit einem Hund sein? Nicht selten erleben s.o. Tierärzte, daß Paare, die sich trennen wollen, mit der Bitte an sie herantreten, ihren Hund einzuschläfern, weil der neue Vermieter einen Hund nicht zuläßt. Dabei können unsere Vierbeiner die Lebensqualität von Menschen radikal verändern. Ich bin auch fest davon überzeugt, daß uns das Thema „Hunde als Therapeuten“ in Zukunft noch intensiv beschäftigen wird. In der Arbeit mit alten Menschen, in Kranken- und Pflegeheimen, in der Arbeit mit Behinderten und vor allem in der Arbeit mit Kindern sind wir schon jetzt unseren Hunden zu großem Dank verpflichtet.

Professor Dr. Reinhold Bergler vom Psychologischen Institut der Universität Bonn hat in einer Untersuchung über den „Einfluß von Hunden auf das Verhalten von Jugendlichen in der Großstadt“ Folgendes festgestellt:

„In einer emotional belasteten Familiensituation mit fehlender Geborgenheit, fehlender Gemeinschaft, ungenügendem Verständnis für die Belange des Jugendlichen, fehlender Zuneigung und sozialer Anregung wie Unterstützung, aber auch dem verstärkten Auftreten von Konflikt- und Streßsituationen, kann ein Hund Defizite der eigenen Lebensqualität ausgleichen und wünschenswerte Erlebnisse und Gefühle vermitteln: Der Hund als ein präventives Hilfsmittel in unvollständigen und gestörten Familien“ (Aus der Studie, o.J., S. 4). Und an einer anderen Stelle schreibt Professor Dr. Bergler: „Bei Jugendlichen mit einem Hund sind solche Frustrationen und Beeinträchtigungen ihrer allgemeinen Gefühls- und Stimmungslage weitaus weniger weit verbreitet; ihr Selbstwertgefühl ist stabiler. Es kann wohl davon ausgegangen werden, daß ein Hund bei Jugendlichen Stimmungsschwankungen, die ja immer wieder auch als prototypische Pubertätssymptome gelten, positiv und damit regulierend zu beeinflussen vermag. Bei Frustrationserlebnissen, affektiver Reizbarkeit, negativer Lebensgrundstimmung und damit verbundener Instabilität des eigenen Selbstwertgefühls vermittelt ein Hund in spielerischer Selbstverständlichkeit immer wieder Freude, Sicherheit, Anregung, Gemeinsamkeit und soziale Unterstützung. Einsamkeitserlebnisse werden reduziert und ebenso das Aufkommen von selbstzerstörerischen Gefühlen, sowie auch existentiell bedrohlichen Befindlichkeiten der eigenen Sinnlosigkeit. Hinzu kommt, daß die in der Pubertät gleichsam natürlicherweise vielfach auftretenden Stimmungsschwankungen, Konflikte und auch Aggressionsbereitschaften mit Hilfe eines Hundes in einem bestimmten Umfang reguliert und vermindert werden können, aber auch eine Hilfe bei deren Abbau sind" (Aus der Studie, o.J., S. 7f).

Hunde müssen nicht zu einem bedingungslosen Kadavergehorsam erzogen werden, sondern sie sollen im Zusammenleben mit uns und unseren Kindern so in den Familienalltag integriert werden können, daß wir Freude und keine Angst vor ihnen haben. Natürlich gibt es umfangreiche Literatur zum Thema und Möglichkeiten genug, uns über Hunde sachkundig zu machen. Wie froh wäre ich, wenn das Anliegen meines Buches richtig interpretiert würde: Mir ging es nicht nur um grobes Vermitteln von Fakten, wenn sie auch wichtig sind, um Verhaltensweisen von Kindern, Eltern und ihre Ängste im Umgang mit Hunden zu verstehen. Einblicke in die Psyche des Hundes, unseres ältesten Hausgenossen, scheinen mir vonnöten. Wo keine Liebe ist, können sich meines Erachtens kein wirkliches Verantwortungsgefühl und keine echte Fürsorge entwickeln - und beide sind unverzichtbar. Unsere Hunde öffnen uns dann in vieler Hinsicht Augen und Ohren und bereichern uns so vielfältig.

Noch ein Gedanke zum Abschluß: Die Tierliebe des Heiligen Franziskus von Assisi, eines der bedeutendsten Tierfreunde aller Zeiten, wurde immer wieder bis zur Sentimentalität romantisiert. Ein Heiliger, der ganz besondere Fähigkeiten besaß, mit Tieren umzugehen und sich in sie hineinzufühlen verstand. Es gab keine „Technik", die er uns hinterlassen hat und die uns zum leichteren Umgang mit Tieren verhelfen könnte. Aber er besaß eine Art, den Tieren zu vermitteln, daß er kein Eindringling ist, der die Tiere bedroht, sondern ein Freund. Die Welt der Tiere und die des Menschen zu vereinen, könnte an uns alle eine Herausforderung sein, diese Welt wieder mitmenschlicher zu gestalten und zu begreifen, daß dazu auch das Leben mit unseren Hunden (und natürlich allen anderen Lebewesen ebenso) gehört.

Franziskus sah alle Geschöpfe als seine Brüder und Schwestern an und ist so ein Vorbild für Tierhalter, Naturschützer und Ökologen geworden.

Im wachsenden Interesse an Umweltproblemen, Erhaltung bedrohter Tierarten, Naturschutz und Ökologie sollten wir zu einem neuen Bewußtsein kommen. Unseren Kindern den Umgang mit Hunden zu ermöglichen, wann immer es sich ermöglichen läßt - angstfrei und mit großer Verantwortung für unsere Kinder und unsere Hunde - darum ging es mir in diesem Buch.

Monika Höhn

Literaturverzeichnis

- Bergler, Reinhold, Warum Kinder Tiere brauchen, Freiburg i.Br. 1994
- Bergler, Reinhold, Der Einfluß von Hunden auf das Verhalten und Erleben von Jugendlichen in der Großstadt (Berlin), Studie erschienen im Institut der Stiftung für empirische Sozialforschung Nürnberg, o.J. (Auch im Fischer-Verlag, Jena 1996 unter dem Titel: Heimtiere und Prävention)
- Brunner, F., Der unverstandene Hund, Melsungen-Basel-Wien 1981
- Dossenbach, M. u. H.D., Hunde helfen Menschen, Bern 1977
- Fensterheim, H. / Baer, J., Sag nicht Ja, wenn Du Nein sagen willst, München 1993
- Fisher, John u.a., Verhaltensstörungen bei Hund und Katze, Mürlenbach 1996
- Fleig, Dr. Dieter, Kynos Hundefibel, Mürlenbach 1992
- Fontaine, Jean de la, Der Wolf und der Hund, Wien 1979
- Gail, Heinz, 1x1 der Hundeerziehung, Mürlenbach 1991
- Günther, A. u. Ritschel, W., Der Fuchs und der Rabe, Berlin 1981
- Greiffenhagen, Sylvia, Tiere als Therapie, München 1993
- Hassenstein, Bernhard, Verhaltensbiologie des Kindes, München 1973
- Höhn, Monika, Häusliche Pflege - Was pflegende Angehörige wissen sollten, Köln 1995
- Höhn, Monika und Michael, Jana sucht den Frieden, Lahr/Zürich 1983
- Höhn, Monika und Michael, Leben und Sterben, Mit jungen Menschen sprechen, Köln 1996
- Kaminski, Birgit, „...deshalb habe ich einen Hund". Praktisch - pädagogisches Angebot im Kindergarten Gummersbach-Vollmerhausen, Mai 1985
- Krings, Metty und VDH, Wie Kinder und Hunde Freunde werden, Dortmund 1996 (Video)
- London, Jack, Wolfsblut, Linz/Donau o.J.
- Luczak, Hania, Angst, in: GEO Heft 4/96
- Lütgen, Kurt, (Hg.) Die schönsten Tiergeschichten aus aller Welt, Schneider-Verlag 1989
- Marshall Thomas, E., Das geheime Leben der Hunde, Reinbek 1995
- Meisnitzer, Ein Tierschicksal aus den Weiten Sibiriens, Reutlingen o.J.
- Milani, Myrna M., Die unsichtbare Leine, Mürlenbach 1985
- Mönche von New Skeete, Wer kennt schon seinen Hunde? Hamburg 1981
- Mugford, Dr. Roger, Hunde auf der Couch, Mürlenbach 1991
- Mugford, Dr. Roger, Hundeerziehung 2000, Mürlenbach 1995
- Noé, Claudia, Die Angst vor Hunden, in: Hunde Revue, 3/1996
- Nolting, Hans-Peter, Lernfall Aggression, Reinbek 1994
- Preuschoff, Gisela, Kuschelbär und Miezekatze, Köln 1995
- Rehm, Dr. Norbert, Kinder und ihre Hunde, in: Hundewelt, März 1996
- Riemann, Fritz, Grundformen der Angst, München/Basel 1993
- Rogerson, John, Hundeerziehung...tierisch gut, Mürlenbach 1995
- Rommelspacher, Mira, Kennst du dich mit Hunden aus?, in: Praxis GS, Westermann-Verlag, Braunschweig 1994
- Sands, Dr. David, Hunde-Ratgeber für Kinder, Mürlenbach 1996

- Thudt, A. u. Richter, G., Märchen und Geschichten aus Siebenbürgen, Bukarest o.J.
- Trumler, Eberhard, Das Jahr des Hundes, Mürlenbach 1984
- Trumler, Eberhard, Der schwierige Hund, Mürlenbach 1994
- Trumler, Eberhard, Mensch und Hund, Mürlenbach 1988
- Trumler, Eberhard, Hunde ernst genommen, München 1981
- Trumler, Eberhard, Ratgeber für den Hundefreund, München 1977
- Wilcox/Walcowicz, Kynos-Atlas, Hunderassen der Welt, Mürlenbach , 4. Auflage 1995

Informationen und Broschüren
des Forschungskreises Heimtiere in der Gesellschaft, Hamburg:
- Eltern: Kinder & Tiere
- Abhandlungen von Prof. Dr. Reinhold Bergler, Prof. Dr. Sylvia Greiffenhagen, Dr. Norbert Rehm und Prof. Dr. Erwin K. Scheuch
- „12 Goldene Regeln" vom SV und VDH

Wichtige Adressen

Nationale Organisationen der Hundezucht

Deutschland: Verband für das Deutsche Hundewesen e. V. (VDH), Westfalendamm 174, -D-44141 Dortmund, Tel.: 0231-56500-0

Österreich: Östereichischer Kynologenverband (ÖKV), Johann-Teufel-Gasse 8, A-1238 Wien, Tel.: 0043-1-887092

Schweiz: Société Cynologique Suisse, Länggasstraße 8, CH-3001 Bern, Tel.: 0041-31-3015819

Nationale Tierschutzorganisationen

Deutschland: Deutscher Tierschutzbund e. V. Geschäftsstelle, Baumschulallee 15, D-53115 Bonn, Tel.. 0228-631005

Österreich: Österreichischer Tierschutzverein, Arndtstraße 57, A-1120 Wien,
Tel.: 0222-8936106

Schweiz: Schweizerische Gesellschaft für Tierschutz, Pro Tier, Alfred-Escher Str. 76, CH-8038 Zürich